Le poesie di Catullo

GAIO VALERIO CATULLO

1889

TABLE OF CONTENTS

LE POESIE DI CATULLO
NOTA

LE POESIE DI CATULLO

POESIA I

A chi mai dedico questo libretto
Di cianciafruscole giocondo e schietto,

Che uscendo in pubblico, ben ben polito
Dall'arsa pomice mostra il vestito?

A te, Cornelio, ch'uso dir sei,
C'han qualche grazia gli scherzi miei;

E che fra gl'itali scrittori osasti
Di tutti i secoli spiegare i fasti

Con ardir unico, solo in tre carte:
E che giudizio, per dio, che arte!

Qual ch'esso siasi dunque tu accetta
Questo libercolo che a te si spetta,

E tu fa', vergine patrona e diva,
Che più d'un secolo perenne ei viva.

POESIA II

Passere amabile, cui nel sen culla,
Con cui trastullasi la mia fanciulla,

Cui suole agli avidi morsi aizzare,
Dandoti il piccolo dito a beccare,

Quando piacevole al mio bel foco
Sarebbe, io dubito, qualch'altro gioco,

Che un po' le attenui quel grave ardore
Che forse l'agita, le turba il core;

Scherzare, o passere, potessi anch'io
Teco, e dall'ansie trarre il cor mio!

Ne avrei nell'animo dolcezza tanta,
Quanta mai, dicesi, n'ebbe Atalanta,

Non pria quell'aureo pomo raccolse,
Che alfin la vergine zona le sciolse.

POESIA III

Piangete, o Veneri, o amori, o voi
Che avete un'anima venusta e pia:
È morto il passere di Lesbia mia;
E assai più amavalo degli occhi suoi.

Era uno zucchero: come bambina
La mamma scernere suole, ei sapea
Ben riconoscere la padroncina,
E in grembo subito le s'accogliea.

Or qua saltandole or là, píando,
Giochi e tripudj faceale intorno;
Ed ora a un tramite scuro, esacrando
Move, onde lecito non è il ritorno.

Voi male abbiatene, o inesorate
Ombre del Tartaro, che con funeste
Fauci ogni amabile cosa ingojate,
E un sì bel passere a me toglieste.

O danno! O misero passere! E intanto
Che vai per l'orrida funerea via,
Gli occhiuzzi languidi di Lesbia mia
Rosseggian tumidi dal pianger tanto.

POESIA IV

La goletta, che qui vedete accogliersi,
Afferma essere stata la più celere
Delle navi, e passato avrebbe l'impeto
D'ogni trave nuotante, che per opera
Di remi a volo andasse o di veleggio.
E nega che negare i lidi il possano
Dell'Adria minaccioso e delle Cicladi
E la nobile Rodi e la Tracia orrida
E l'Ellesponto e il sen truce del Bosforo,
Ove questa, che poi fu goletta agile,
Sorse chiomata selva, e in sul citorio
Giogo da la vocal chioma diè sibili.
Pontica Amastri, Citoro bossifero,
Queste cose a voi sono e fùr notissime,
Afferma la goletta, che sui culmini
Vostri, dice, abitò sin dall'origine,
E nel mar vostro i suoi remi s'immersero.
Portò quindi il padron per molti indocili
Golfi, o sia che invocasse un'aura provvida
A destra od a mancina, o sia che prospero
Giove spirasse a poggia e ad orza a un subito.
Nè già voti da me profferti furono
Ai littorali dei, quando dall'ultimo
Mare traeasi a questo lago limpido.

Cose andate son queste: ora in recondita
Quiete invecchia, e a te, gemino Castore,
A te, gemel di Castore, si dedica.

POESIA V

Godiamo, o Lesbia, mia Lesbia, amiamo,
E de' più rigidi vecchi i rimproveri
Meno d'un misero asse stimiamo.

Tramontar possono gli astri e redire:

Noi, quando il tenue raggio dileguasi,
Dobbiam perpetua notte dormire.

Baciami, baciami, vuo' che mi baci;
A cento scocchino, a mille piovano
Qui su quest'avida bocca i tuoi baci.

E poi che il numero sfugge a noi stessi,
Baciami, baciami, sì che l'invidia
Non frema al còmputo de' nostri amplessi.

POESIA VI

Se rozzo e ignobile il tuo trastullo
Non fosse, o Flavio, tu, non che tacito,
Saresti garrulo col tuo Catullo.

Io non so proprio di chi, ma cotto
Di qualche tisica scanfarda spasimi;
Però com'olio te ne stai chiotto.

Tu passar vedove le notti in pace?
I serti, il sirio olivo, i balsami
Del nido il negano che indarno tace,

E il guancial morbido, ch'egual s'avvalla
Qua e là di doppia impronta, e il tremulo
Letto che scricchiola compresso e balla.

Son prove inutili? Ma neppur giova
Il tuo silenzio: lo smunto stomaco
Delle tue pratiche notturne è prova.

Su dunque, spiffera questo secreto
Famoso: io smanio d'alzarti all'etera
Con la tua smàfera nel verso lieto.

POESIA VII

Saper vuoi proprio, saper vuoi quanti
Tuoi baci, o Lesbia, mi sien bastanti?

Quante di Libia sono le arene,

Dove di silfio ricca è Cirene,

In tra l'oracolo di Giove adusto
E il santuario di Batto augusto;

Quanti astri ai taciti notturni orrori
Miran degli uomini gli occulti amori,

Tanti al frenetico Catullo tanti
Tuoi baci, o Lesbia, saran bastanti;

Tanti, che inutile contro a lor sia
Invidia o fascino di lingua ria.

POESIA VIII

Lascia, o Catullo — triste, i sogni di prima,
E quanto hai visto — perir, perduto estima.

Giorni felici — per te splendeano allora
Che andavi spesso — dove alla tua signora

Piaceva, a lei — c'hai di così profondo
Affetto amata — come nessuna al mondo.

Oh giochi, oh pugne — soavi, ch'io bramava
Rifare, e ch'ella — pur negando, accordava!

Quelli eran giorni — quelli! Or mutato ha stile:
Tutto or ti nega; — ma tu non esser vile;

Non correr dietro — a lei; non viver grama
Vita, ma fermo — sprezza chi più non t'ama.

Addio, signora: — d'un sordo idolo al piede
Non più Catullo — trepido prega e chiede.

Ah, t'addolori — che niun ti prega? Ingrata
Femmina, è questa — la vita a te serbata.

Or chi più, dimmi, — ti cercherà? Chi mai

Con le tue forme — leggiadre adescherai?

Chi avrà il tuo core? — Di chi dirai: son sua?
Chi vorrà i baci — della boccuccia tua,

I baci, i morsi? — Ma non esser fanciullo;
Dura ostinato, — sii di sasso, o Catullo!

POESIA IX

Dunque, o Veranio, tu che de' miei
Amici innumeri il primo sei,

Tornasti ai patrj lari, all'affetto
Fraterno, al tenero materno petto?

Tornasti? O annunzio felice! Or io
T'udrò al tuo solito, Veranio mio,

Narrar le iberiche terre, le genti
C'hai visto incolume, l'opre, gli eventi,

Mentre all'amabile tuo volto io fiso
Andrò baciandoti la bocca e il viso.

Oh qual degli uomini più lieti, quale
A me lietissimo può dirsi uguale?

POESIA X

Il mio carissimo Varo, di piazza
A veder trassemi la sua ragazza,

Non isgradevole putta o sgarbata,
A farne giudice la prima occhiata.

Demmo alle chiacchiere la stura: "Viene
Lei di Bitinia? Ci si sta bene?

Come governansi? E, dica un po',
Lei torna carico di bezzi, no?"

"Bezzi? Alla grazia! io di ripicco,
Ei c'era proprio da farsi ricco,

E da riungersi meglio i capelli!
Quel pretorucolo de' miei corbelli

Tenea, s'immagini che santo zelo!
Tutto il suo sèguito per men d'un pelo."

"Pure amo credere, giacchè si sa
Le lettighe essere nate colà,

A comprar uomini lei si diè briga
Che la potessero trarre in lettiga."

Ed io con aria da gran signore:
"Quella provincia certo è un orrore,

Ma pur possibile mi fu l'avere
Otto bei giovani per tal mestiere."

(E intanto, o misero, per quelle strane
Terre non eravi neppure un cane,

Che in collo a mettersi fosse gentile
Lo zoppo trespolo del mio canile!)

"Oh allor di grazia, saltò a dir quella
Con aria ingenua da sgualdrinella,

Quintuccio, prestami tal ben di Dio:
Vo' un po' al Serapide spassarmi." Ond'io:

"Adagio; i comodi ch'io ti dicea,
Cinna il mio socio, non io li avea:

Errai; ma fossero di Cinna o miei,
Siccome proprj me li godei:

Tu poi le scatole rompi, e sei grulla,
Se conto ho a renderti d'ogni nonnulla."

POESIA XI

Furio ed Aurelio, di Catullo fidi
Compagni, o ch'ei l'estrema indica sponda
Penetri, ove l'eòa fragorosa onda
Percote i lidi,

O dove Ircania gela o Arabia odora,
Tra' Saci e i Parti armati di saette,
O ver là dove i mari il Nil per sette
Foci colora;

O di Cesare Magno, oltre i tremendi
Varchi dell'Alpi, visiti i trofei
E il Ren gallico e il lido ultimo dei
Britanni orrendi;

Voi presti ad affrontar seco gli eventi,
Qualunque dei Celesti il voler sia,
Questi recate a la fanciulla mia
Non lieti accenti:

Viva ella e goda, e dei trecento ciacchi,
A' cui fianchi avvinchiata ella si tiene,
Nessuno amando, a ciaschedun le schiene
Avida fiacchi;

Nè cura più dell'amor mio si prenda,
Che per colpa di lei cadde, qual grato
Fior, cui passando al margine del prato
L'aratro offenda.

POESIA XII

Male tu Asinio, tu Marrucino
La manca adoperi fra 'l gioco e il vino.

Ti par facezia d'ingegno eletto
Trarre agl'incauti il fazzoletto?

Sciocco, tu proprio persa hai la testa:
Più turpe inezia non è di questa.

E se a me credere punto non vuoi,
Credi al tuo povero fratel, che i tuoi

Furti, onde infamia tanta a te crebbe,
Un talento attico ripagherebbe.

Ei sì, ch' è un giovane di mente gaja
E di proposito! Tre centinaja

D' endecasillabi però ti aspetta,
Se il lino a rendermi non vieni in fretta.

Nè il prezzo importami, bada; io men lagno,
Perch' è memoria d' un mio compagno:

È roba proprio nata in Sativa,
E dall' iberica lontana riva

Il buon Veranio, il mio Fabullo
Grato ne fecero dono a Catullo;

E se carissimi ambi mi sono,
Giusto è che siami caro il lor dono.

POESIA XIII

Presto avrai lauta cena, o Fabullo,
Gli Dei t' ajutino, dal tuo Catullo,

Solo che piacciati con te portare
Ogni amminicolo per ben cenare,

Da una piacevole donnetta infino
Al sale, ai lepidi sollazzi e al vino.

Se questo, o amabile, tu recherai,
Cena lautissima con me farai:

Chè nel mio povero portamonete
I ragni, credilo, ci fan la rete.

Ma da me in cambio sarai fornito
Del più gradevole, del più squisito

Unguento, un balsamo che all'amor mio
Cupido e Venere diedero; ed io

Sono certissimo, che appena il senti,
Gli Dei tu supplichi con voti ardenti,

Perchè d'un subito, secondo il caso,
Tutto ti facciano diventar naso.

POESIA XIV

Se tu non fossimi degli occhi miei,
O graziosissimo Calvo, più grato,

Come Vatinio t'aborrirei
Pe'l libriciattolo che m'hai donato.

Che dissi, misero, che feci mai,
Che un tal poetico strazio mi dài?

Crepi quell'asino cliente, che
Tali scempiaggini mandava a te!

Ma se il grammatico Sulla spedito
T'ha, come io dubito, don sì squisito,

Non che adirarmene, n'ho gioja immensa,
Chè così l' opera tua ricompensa.

Dio mio, che orribile, che scellerato
Libro al tuo povero Quinto hai mandato,

Perchè al saturnio dì più ridente
Ei resti vittima d'un accidente!

Oh, ma non credere, mio bel faceto,
Della tua celia troppo andar lieto.

Lascia che luccichi l' alba: di trotto

Ai libraj vómmene; faccio un fagotto

Di quanti Aquinj, Cesj, Suffeni
Gli scaffali empiono dei lor veleni,

Ed inviándoti questa robaccia,
Ti saprò rendere pan per focaccia.

Or voi levatevi dai miei corbelli,
E al primo andatene soggiorno vostro,

O squartasillabe, sgorbiacartelli,
Peste ed infamia del secol nostro.

POESIA XIV B

Se queste inezie mie leggerete,
Nè orror di volgermi le mani avrete,

POESIA XV

T'affido, Aurelio, questo diletto
Mio bimbo, e un umile favor chiegg'io:

Deh, se mai l'animo t'arse desio
D'un amor nobile, d'un casto affetto,

Puro a me serbalo, non già, s'intende,
Dalle altrui granfie: cosa molesta

Temer non devesi da chi alla lesta
Scantona e svicola per sue faccende.

Ma di te pavido son, di cotesto
Cotal che intrepido s'impenna e rizza,

E dove piacciati, si caccia in lizza
A duri e a teneri fanciulli infesto.

Deh! il mio risparmia, prego, ne ho dritto:
Chè se un mal animo, se un reo furore

Ti spinge a tendere lacci al mio core,
E compj, o perfido, tanto delitto,

Allora, o misero, a' piè legato,
Come un adultero sarai trattato:

Rafani e muggini, l'abbi per certo,
Sentirai scorrere nell'antro aperto.

POESIA XVI

Or sì, che v'empio forziere e cassa,
Finocchio Aurelio, Furio bardassa,

Che troppo morbido mi giudicaste
Dalle mie pagine non troppo caste.

Dee pura e candida l'anima aversi:
Posson non essere pudichi i versi;

Che sale e grazia solo allor hanno,
Che con amabili blandizie sanno

Aguzzar l'aschero, dar l'appetito,
Fare il solletico dov'è il prurito,

Non pure ai giovani, ma a' vecchi inetti
C'han di bambagia vuoti i farsetti.

E voi, nel leggere la mia canzone
De' baci, osatemi dar del cappone?

Or sì, che v'empio forziere e cassa,
Finocchio Aurelio, Furio bardassa.

POESIA XVII

O Colonia, c'hai l'uzzolo d'armeggiar sul gran ponte,
E per farci un ballonzolo hai già le gambe pronte,

Ma per gl'irreparabili pali, su cui barella,
Ti senti nelle viscere correr la tremerella,

Non esso un capitombolo faccia giù nel pantano;
Così codesta fregola non t'assillasse invano,

E fosse tanto solida la tua pensile mole,
Che anco i Salj potessero farci le capriole,

Dammi, prego, o Colonia, uno spasso coi fiocchi:
Fa' che quel mio munícipe dal tuo ponte trabocchi,

Ma proprio a precipizio, a capo giù, nel lago,
Dove il fango è più fetido e più profondo il brago.

Egli è un baccello ingenuo da sgararne un marmocchio
Che il babbo ninna e dondola lieve sopra il ginocchio.

Ha sposato una tenera bimba, un fior di donnina,
Delicatina, morbida più d'una caprettina,

Da tenerla in custodia più che l'uva matura;
Eppure egli le lascia fare il chiasso, e n'ha cura

Quanto d'un pelo; inabile a rizzare una mano,
Inerte come a un ligure fosso, smembrato ontàno;

Un gocciolone, un asino vero, un'anima grulla,
Che di quanto l'attornia non ode o vede nulla,

Di nulla si capacita, nè s'è finora accorto,
S'egli è un uomo o un fantasima, s'egli è vivo o s'è morto.

Costui costui precipita dal ponte nella mota,
Sì ch'alfin, s'è possibile, dal letargo si scota,

E dentro al piaccichiccio lasci la mente ciuca,
Qual mula il ferreo zoccolo entro a fangosa buca.

POESIA XVIII - XXI

Aurelio, principe dei pappatutto
Che son, che furono, che saran mai,

Tu nel dominio che t'affidai
Vuoi con gli zoccoli ire all'asciutto?

E corampopulo, quando il fanciullo
Con aria ingenua ti vien dallato,

A lui cucendoti ruzzi, fai 'l grullo,
Tenti ogni gretola? Ma sprechi il fiato.

Chè pria che abbindoli bene il piccino,
Ti farò, credilo, fare il bocchino.

E se la fregola di tali spassi
Tu avessi a stomaco satollo, passi;

Ma questo povero fanciullo, ahimè,
Ridotto al sizio sarà da te.

Or dunque smettila, fin c'hai pulita
La bocca, Aurelio; se no ti tocca

Con altro obbrobrio farla finita,
Poi ch'io te l'abbia già fatta in bocca.

POESIA XXII

Questo Suffeno — che ben hai conosciuto,
O Varo, è assai — gentil, cortese, arguto:

Ma, oimè, scrive — o per dir meglio, fila
Versi: a dir poco, — ormai n'ha diecimila

Su la coscienza. — Nè già come vien viene
Egli li copia, — oibò; ma in pergamene

Regali, in nuovi — quaderni ei pinge i suoi
Carmi, li avvolge — in nuove assette; e poi

Nastri vermigli, — busta a piombo tirata,
Ed ogni cosa — spomiciata, lisciata.

Li leggi, ed ecco, — questo cortese e gajo
Suffeno a un tratto — ti si muta in caprajo,

In zappatore, — ti mette proprio orrore:

Tanto ci corre — dall'uomo allo scrittore.

O che ti gira — l'anima! Il più faceto
Uomo pur ora, — basta che nel salceto

Entri dei versi, — più non si raccapezza,
Divien più rozzo — della stessa rozzezza.

E dir, che mai — non è così beato
Siccome allora — c'ha un poema infilzato!

Allor s'esalta, — allora genuflesso
Egli si getta — per adorar sè stesso.

Ma chi non piglia — papere? E chi nel seno
Non tien riposto — un briciol di Suffeno?

Ogn'uomo all'altro — l'error proprio rinfaccia,
Nè guarda a tergo — dentro alla sua bisaccia.

POESIA XXIII

Tu non hai, Furio, servi, nè armari
Non ragni o cimici, non focolari,

Ma quella gioja di babbo, quella
Matrigna, un subbio vero in gonnella.

Con una coppia tal di parenti,
Che ponno i ciottoli tritar coi denti,

Te ne stai proprio arcibenone
Senza pericolo d'indigestione.

Voraci incendj, gravi ruine,
Veleni, insidie, empie rapine,

I casi, i rischj del mondo tutto
Son per voi favole senza costrutto.

Sollion, borea, sete, appetito
V'han così i muscoli rimprosciuttito,

Che secchi ed aridi più d'esca o corno,
Viventi mummie movete intorno.

Puoi tu non essere felice? Ignori
Che cosa sieno sputi e sudori;

Non t'ha mai frigido catarro invaso
Di denso moccolo, cervello e naso;

E la tua massima nettezza è avere
Qual saliera aurea terso il messere;

Giacch'è miracolo davver se mai
Nell'anno un dodici volte la fai,

E una pallottola fai di tal sorte,
Che fava o silice non è sì forte;

Che in mano a prenderla, che a farla trita,
La non t'insudicia punto le dita.

Non voler, Furio, tenere a vile
Così bei comodi! Com'è tuo stile,

Al ciel non chiedere sesterzj cento:
Puoi dei tuoi comodi viver contento.

POESIA XXIV

O dei Giovenzj che fûro al mondo,
Che sono o fíano, fior più giocondo,

Meglio saprebbemi, se a quel bel tipo,
Che di domestico manca e di stipo,

Di Mida l'ampio tesor tu dessi
Pria che concedergli tuoi dolci amplessi.

"Che! non è amabile forse?" Sì, ma
Non un armadio, nè un servo egli ha.

Voltala, girala, come ti piace:

Senza un armadio nè un servo ei giace.

POESIA XXV

O finocchino tenero, Talluccio, morbidino
Come pel di coniglio, qual d'oca un fegatino,

Come lobetto roseo di piccioletto orecchio,
O ragnatelo, o languido birincello d'un vecchio,

Ma rapace qual torbida procella, allor che da le
Vie le comari additano gli augei del temporale,

Or su, rendimi il pallio che mi rubasti, o inetto,
Le pergamene tinie, l'ibero fazzoletto,

Ch'osi portare in pubblico qual patrimonio avito;
Dalle tue granfie sgancialo, porgi orecchio all'invito,

Se non vuoi che col fervido staffil ti marchj alfine
Il culettino boffice, le mollicce manine,

E sotto i colpi insoliti tu ti contorca in guisa
Di paranzella agl'impeti di tempesta improvvisa.

POESIA XXVI

Nè ad austro, o Furio, nè a borea rio
O ad euro o a zefiro è il villin mio;

Ma esposto a quindici mila e trecento......
Oh che pestifero, che orribil vento!

POESIA XXVII

Su, di decrepito falerno austero
Ricolma i calici, giovin coppiero:

Tal legge l'arbitra Postumia ha messa
Lei ch'è più uvida dell'uva istessa;

E voi cercatevi altro cammino,
Acque stucchevoli, peste del vino;

Ite a' filosofi d'arcigno aspetto:
Vin qui vuol essere tionèo schietto.

POESIA XXVIII

O di Calpurnio corte, a cui troppo
Casse e valigie non son d'intoppo,

O buon Veranio, Fabullo amato,
Codesto sudicio v'ha ben conciato?

Che fate? ditemi, avete mai
Fame e intemperie patito assai?

Sta nelle tavole scritta a guadagno
La spesa? O misero, e anch'io mi lagno,

Però che al sèguito di Memmio ascritto,
Mi fu lo scapito dato a profitto.

"O Memmio, a comodo tuo, qual conviene,
M'hai questo manico ciurlato bene!"

Un caso simile è il vostro, e v'ha
Un giudeo sordido pasciuto. Or va',

Ti sdruscia a' nobili! Via col malanno,
Di Remo e Romolo vergogna e danno!

POESIA XXIX

Chi potrà mai veder, chi mai succhiarsela,
Fuor che un mangione, un biscazziere, un sudicio,
Che un Mamurra abbia quanto pria la Gallia
Chiomata aveasi e l'ultima Britannia?

Romolo buggeron, ciò vedi e tolleri?
E costui pettoruto e soperchievole
Se la spasseggerà per tutti i talami,
Come Adoncello o colombello candido?
Romolo buggeron, ciò vedi e tolleri?
Bardassa, ingordo, biscazzier sei proprio.

Tu dunque, o capitano unico, all'ultima
Isola occidental facesti il valico,
Perchè codesto sciupacchiato bischero
Si pappasse migliaja di sesterzj?
Qual liberalità del par malefica?
Sciupò forse e diè fondo a un picciol gruzzolo?
Prima sbocconcellossi il patrimonio,
Poi la preda del Ponto, indi l'iberica,
Cui pur troppo conosce il Tago aurifero.
E temono costui Gallie e Britannie?
E covate un tal serpe? È ad altro egli abile
Che a pacchiar grassi patrimonj? O suocero
E genero potenti, e a questo titolo
Tratto avete lo stato a precipizio?

POESIA XXX

O Alfeno ingrato, o agl'intimi compagni anco ingannevole,
Nulla il tuo dolce, il povero amico tuo commiseri?

E me tradire, o perfido, ed ingannar non dubiti?
I frodolenti e gli empj fatti agli Dei non piacciono.

Ma tu no'l curi, e il misero mio cor lasci agli spasimi.
Ah di' che faran gli uomini, in chi vuoi più che fidino?

Tu tu, sleal, quest'anima allettasti alla pania,
Tu m'inducesti a credere tutto a' miei voti agevole.

Ed ora ritraendoti, fai che le nebbie e l'aure
Ogni tuo detto, ogni opera al vano aere si portino!

Oblia pure: son memori gli Dei, la Fede è memore,
E ti faranno l'anima dal pentimento rodere.

POESIA XXXI

O Sirmione — o vago occhio di quante
Isole e terre — in chiari laghi e in vasti
Mari sopporti — il duplice Nettuno,
Come di cuore — e quanto lieto io torno
A vagheggiarti! — A me quasi non credo
Aver la Tinia — e di Bitinia i campi

Lasciati, e gli occhi — in te bear securo.
Oh, qual'e mai — felicità più bella,
Che dopo lungo — e faticoso errore
Stanchi tornare — al focolar paterno,
E d'ansie scevri — e liberi del peso
D'aspri pensieri — in sul bramato letto

Stender le membra — in placida quiete?
Di tanti affanni — il solo premio è questo.
Salve tu dunque, — o Sirmion leggiadra,
E omai ti godi — il tuo signor; godete
Voi pur del lago — onde lidie, e con quanto
Scroscio di risa — è in voi tutte ridete.

POESIA XXXII

Vuoi tu permettermi, Ipsitilluccia,
Mio dolce còccolo, bellezza mia,
Che teco, a vespero, men venga a cuccia?

Se sì, di grazia, fa' che non sia
Da qualche zotico sprangato l'uscio;
Nè aver tu l'uzzolo d'uscir dal guscio.

Sta' in casa, e apprestami quel che sai tu,
Però che devono le bestie nostre
D'un fiato correre ben nove giostre.

E di far subito ti prego inoltre:
Pranzai, son sazio, sto a pancia in su,
E sfondo, scusami, camicia e coltre.

POESIA XXXIII

Ai bagni esimio nel far man bassa
Babbo Vibenio, figlio bardassa,

(Giacchè le granfie l'uno ha rapaci
Quanto le natiche l'altro voraci)

O perchè al diavolo non ve n'andate?
Ormai sa il popolo le birbonate

Del padre; e l'ispide lacche, o figliuolo,
Non le puoi vendere più un soldo solo.

POESIA XXXIV

Sacri a Diana ingenui
Noi siam garzoni e vergini:
Garzoni ingenui e vergini
Cantiam Diana dea.

O Latonia, del massimo
Giove augusta progenie,
Presso l' uliva delia
Te la madre ponea,

Perchè di monti e vivide
Selve e di fiumi altísoni
Tu fossi e di reconditi
Prati signora e dea.

Te le afflitte puerpere
Giuno Lucina invocano;
Dal non tuo lume, o Trivia
Santa, sei detta Luna.

Per te, che l'annuo tramite
Segno dei mesi al correre,
L'agricoltore ai rustici
Tetti gran messe aduna.

Ma qual più nome piacciati,
Serba con la tua grazia,
Qual fai da tempo, a Romolo
Prospera la fortuna.

POESIA XXXV

Io vo' che al tenero poeta, al mio
Cecilio, o lettera, tu dica, ch'io

Bramo ch'ei lascisi dietro le spalle
Como e del Lario l'amena valle,

E che, i propositi d'una persona

GAIO VALERIO CATULLO

Amica a intendere, venga a Verona.

Chè se l'antifona capisce, allora
Sono certissimo, la via divora;

Ben che una candida fanciulla faccia
Tutto il possibile, perch'ei non vada,

E, il collo cintogli d'ambe le braccia,
D'indugio il supplichi fin su la strada.

Ch'ella, se narrami vero la fama,
D'irresistibile amor già l'ama:

Dacchè il principio ei lesse della
"Diva di Dindimo," la miserella

Arde, e una smania cieca la crucia,
E un foco l'intime fibre le brucia.

O tu che superi la lesbia musa
In gusto, meriti, fanciulla, scusa;

Chè di Cecilio "la Madre Augusta"
È proprio un'opera bella e venusta.

POESIA XXXVI

O di Volusio storie da cesso,
Il voto adempiasi da Lesbia espresso.

Promise a Venere santa e a Cupido,
Che s'io mai reduce fossi al suo nido,

E i fieri giambici ponessi via,
Ella d'un pessimo poeta avría

Al dio tardípede l'opre più chiare
Con legna infauste dato a bruciare.

Certo per celia quel buon arnese
Queste ree cronache votare intese.

Or tu dal cerulo mare creata,
Cui dell'Idalio la sede è grata;

Che Amatunta abiti, Golgo, Ascalona,
E la cannifera Gnido ed Ancona,

Tu cui dà celebre culto ed altare
Dirrachio, emporio dell'adrio mare,

Tu, se spiacevole del tutto e vuoto
Non è di grazia, fa' pieno il voto;

E voi venitene tra 'l foco adesso,
O goffe e insipide storie da cesso.

POESIA XXXVII

O criccajuoli — della sozza osteria
Là presso al nono — píolo della via

Dei pileati — fratelli, e che vi prese!
Vi par che abbiate — voi soli quell'arnese?

Voi soli al mondo — a calcar siate buoni
Ogni donnetta, — e gli altri sian capponi?

Ah vi par, grulli, — perchè a seder vi state
In fila, a cento — o ducento che siate,

Non possa io solo — geldra di farabutti,
Con questo tappo — turar la bocca a tutti?

Sta' pur tranquilla — taverniera mandraccia,
Segnerò a tutti — con la frusta la faccia.

Ecco, la mia — donna su tutte amata,
Per cui più d'una — gran battaglia ho pugnata,

Ha preso il volo — dalle mie braccia, e tresca
Ora con voi. — E voi con faccia fresca,

Voi scalzacani, — voi bertoni che siete,

Lieti un per uno — pappar ve la volete?

Vergogna! E peggio — d'ogn'altro, in questo caso,
Mi fa, per dio, — montar la muffa al naso

Quel zazzeruto — d'Egnazio (uno de' figli
Di Celtiberia, — gran madre di conigli)

Quel bel muffetto — d'Egnazio, quello schifo,
Che si tien bello, — perchè gli adombra il grifo

Un po' di pelo: — quel tal che sfrega e liscia
Ognora i denti — con l'iberica piscia.

POESIA XXXVIII

O Cornificio, grave è il dolore
Che, affè, al tuo povero Catullo è dato:
Cresce il suo spasimo co' giorni e l'ore.

Ahi, con che ufficio tu, con qual detto,
E t'era facile, l'hai consolato?
Son teco in collera. Questo è l'affetto?

Bastava un tenue carme, due versi
Di quei più flebili, che su la cetera
Dicea Simonide di pianto aspersi.

POESIA XXXIX

Egnazio ha bianchi — i denti, e però ghigna
Di tutto. Mira — in su la scranna un reo?
Ei ghigna, e proprio — allor che l'oratore
Eccita al pianto. — Al rogo d'un pietoso
Figlio si geme? — e l'orba madre piange
L'unica prole? — Ei ghigna. Ad ogni evento,
Checchè egli faccia, — ovunque vada, ei ghigna.
È questo il suo — debole, e affè, non troppo
Bello ed urbano. — O buon Egnazio, un mio
Consiglio ascolta: — Ove Roman tu fossi,
Ovver Sabino, — o Tivolese, o pinzo
Umbro, o grassone — etrusco, o Lanuino
Moro e sannuto, — o Traspadan (perch'io

I miei non lasci) — o infin chi più ti piaccia
Che lavi i denti — a modo, io pur vorrei
Tu non ghignassi — in ogni loco e sempre:
Chè nulla è sciocco — a par d'un sciocco riso.
Sei Celtibero, — e in Celtiberia ognuno
Pulisce i denti — e le gengive arrossa
Col proprio piscio — ogni mattina. Or dunque
Quand'uno i denti — ha più forbiti, è chiaro
C'ha più d'orina — in quel mattin bevuto.

POESIA XL

Qual bieco stimolo, di', t'ha cacciato,
Meschino Ravido, ch'altro non sei,
A precipizio sui giambi miei?

Qual nume infausto male invocato
Il perverso animo così ti aízza,
Che meco a scendere ti accingi in lizza?

Ah, vuoi tu correre di bocca in bocca?
Vuoi farti celebre comunque? E sia:

Pena perpetua soffrir ti tocca,
Se amasti, o misero, la donna mia.

POESIA XLI

Chieder sesterzj diecimila osa
A me una stupida sfondata tutta,

Codesta laida nasona uggiosa,
Di quel di Formio frusto la putta?

Su, agnati prossimi, poichè a voi spetta
Di questa misera la cura, in fretta

Gli amici e i medici tutti adunate;
Ma che male abbia non ricercate:

È fuor dei gangheri la poveretta.

POESIA XLII

GAIO VALERIO CATULLO

O endecasillabi, qui v'adunate,
Quantunque in numero, dovunque siate.

Son io sì debole, così dappoco
Ch'una vil femmina mi prenda a gioco?

Nega ella rendermi, se il tollerate,
Tutte le pagine ch'io le ho mandate,

Su, su, incalziamola, diamle la caccia.
Chi sia, chiedetemi, cotal donnaccia?

Ecco, vedetela, l'aria di mima,
Il turpe incedere ve 'l dice in prima,

E l'increscevole arte maligna,
Onde, qual gallico can, sempre ghigna.

Fatele cerchio, stretti, feroci
Sollecitatela con queste voci:

"O tu che traffichi te stessa e vendi,
O sozza adultera, quei fogli rendi.

Non cavi un misero asse bacato,
Feccia, postribolo, dal tuo mercato?"

Ma che! Gli asprissimi vostri furori
Son per tal femmina carezze e fiori.

Pur se alcun minimo rossor rimane
Sopra quel ferreo ceffo di cane,

O endecasillabi, s'altro non giova,
Con voce altissima gridate a prova:

"O tu che traffichi te stessa e vendi,
O sozza adultera, quei fogli rendi."

Non ode? Immobile resta il suo core?
Cambiate subito modo e tenore;

Con piglio amabile, con voce mite,
S'è pur giovevole, così le dite:

"Donna onestissima, casta, verace,
Rendi le lettere, se non ti spiace."

POESIA XLIII

Salve, o del logoro Formían putta:
Nasino piccolo, boccuccia asciutta,

Neri occhi, tenui dita, bel piede,
Coltura e arguzia Dio non ti diede.

E tu tu, povera fanciulla, intanto
Per la provincia di bella hai vanto?

E la mia Lesbia confrontan teco?
O gente stolida, o secol cieco!

POESIA XLIV

O fondo mio - sabino o tivolese,
(Chè tivolese — hai nome ben da quanti
Contro Catullo — astio non hanno, e solo
Gl'invidiosi — a scommetter son pronti,
Che sei sabino) — insomma, o tivolese,
Qual sei davvero — o che sabin tu sia,
Ne la tua villa — appresso il borgo io stetti
Di cuore assai, — chè mi fu quivi dato
Cacciar dal petto — una canina tosse,

Che incappellai — per dare ascolto al ventre,
Di laute cene — ahi troppo ghiotto. Ambiva
Esser da Sestio —— a mensa; e una sciloma
Ebbi a succhiarmi — avverso al candidato
Anzio, di ghiaccio — e di velen sì piena,
Che un raffreddore, — un'incapacciatura
Tosto ne presi — e così fiera tosse,
Che fino a tanto — i visceri schiantommi,
Che nel tuo seno — asil cercando, a forza
D'ozio e d'ortica — io me ne son guarito.
Grazie a te dunque — e le maggiori io rendo,

Giacchè non m'hai — fatto pagare il fio
Del mio peccato. — E non m'oppongo ormai,
S'altri rei scritti — avrò di Sestio a bere,
Che a me non tocchi — e infreddatura e tosse,
Anzi che a Sestio; — a cui sol viene il ticchio
D'avermi a cena, — allor che la lettura
D'un libro orrendo — infliggere mi vuole.

POESIA XLV

Al cor Settimio tenendo stretta
La sua carissima Acme: "O diletta

Acme, susurrale, s'io pazzamente
Non t'ami, e assiduo sempre ed ardente,

Quanto è possibile che al mondo s'ami,
Amarti e vivere per te non brami,

Che in Libia o all'arida India soletto
D'un leone orrido mi trovi a petto!"

Sì parla, e udendolo, qual già a sinistra,
Amor propizio sternuta a destra.

Ed Acme, il tenero capo inclinando,
E su gli estatici occhi baciando

Con la purpurea bocca il suo damo:
"O mio Settimio, così possiamo,

Così, gli mormora, dolce amor mio,
Servir quest'unico signore e dio,

Che ognor più fervido, più acuto ardore
Strugga nell'intime fibre il mio core."

Sì parla; e udendola, qual già a sinistra,
Amor propizio sternuta a destra

Dei buon auspicio così giovati,
D'affetto mutuo s'amano amati.

Più della doppia Britannia e della
Siria Settimio vuol Acme bella;

La fedelissima Acme raccoglie
Tutte in Settimio delizie e voglie.

Chi mai due anime sì lieto e fide,
Più fausta Venere chi chi mai vide?

POESIA XLVI

Già sciolti i gelidi lacci, leggera
Sen torna e tiepida la Primavera;

Già l'equinozio riede, e al giocondo
Spirar di zefiro si schiara il mondo.

Lascia or la Frigia, Catullo, e i piani
Di Nicea fertili, benchè malsani;

Su, d'Asia all'inclite città voliamo:
Non soffro indugj, vagare io bramo.

Al grato ufficio, con nuovo ardore
I piè mi brillano, mi trema il core.

Addio, bel numero d'amici eletti,
Che insiem partendovi da' patrj tetti,

Da lungi a' patrj tetti ritorno
Per vie sì varie farete un giorno.

Già sciolti i gelidi lacci, leggera
Sen torna e tiepida la Primavera;

Già l'equinozio riede, e al giocondo
Spirar di zefiro si schiara il mondo.

Lascia or la Frigia, Catullo, e i piani
Di Nicea fertili, benchè malsani;

Su, d'Asia all'inclite città voliamo:
Non soffro indugj, vagare io bramo.

Al grato ufficio, con nuovo ardore
I piè mi brillano, mi trema il core.

Addio, bel numero d'amici eletti,
Che insiem partendovi da' patrj tetti,

Da lungi a' patrj tetti ritorno
Per vie sì varie farete un giorno.

POESIA XLVII

Voi dunque, o Porcio, o Socratione,
Sinistre granfie di Gneo Pisone,

Inalza assiduo quest'ebreo grullo
Sul mio Veranio, sul mio Fabullo?

Voi fame e scabbia del mondo tutto,
Codesto Príapo sghiandato e brutto?

E voi tra lauti banchetti, intorno
Sbuffate tronfj, di pieno giorno,

Mentre i miei poveri compagni amati
Nel trivio aspettano d'esser chiamati?

POESIA XLVIII

Oh, se mi fosse dato baciare
I tuoi dolcissimi occhi, o Giovenzio,
Quanti mai baci ti vorrei dare!

Nè di baciarti sazio sarei,
S'anco dell'aride spiche più folto
Fosse il ricolto — dei baci miei.

POESIA XLIX

O eloquentissimo di quanti fûro,
Di quanti vivono nipoti a Romolo,
Di quanti nascerne vedrà il futuro,
O Marco Tullio, le sue maggiori

Grazie dee rendere Catullo a te,
A te che il massimo de' difensori
Sei, come l'infimo poeta egli è.

POESIA L

Molto, o Licinio, fuor di pensieri
Su le mie pagine scherzammo ieri,
Com'è da giovani dati a' piaceri;
E canzonando, — centellinando,
Versi filaronsi senza mai sosta,
In metri varj, botta e risposta.
Partii, Licinio, sì acceso il core
Della tua grazia, del tuo lepore,
Che il cibo, misero, non mi ha giovato,
Nè m'ha un sol písolo gli occhi velato;
Ma smanioso, — senza riposo
Rivoltandomi qua e là nel letto,

Non vedea l'ora — fosse l'aurora,
Perchè a te riedere potessi ancora,
E d'altre chiacchiere prender diletto.
Poi, quando affranto — dal volger tanto,
Sfinito il povero mio corpo giacque,
L'idea mi nacque — di schiccherarti,
O capo armonico, tal poesia
Che faccia intenderti la pena mia.
Ma però guàrdati dal non gonfiarti
Troppo; e ti supplico di non sputare,
Però che Nemesi puossi adirare:
È dea terribile, mio bello, il sai;
E chi d'offenderla non trema, guai!

POESIA LI

Pari ad un dio, maggior d'un dio, s'è dato,
Parmi colui che a te di fronte assiso
Ascolta, o Lesbia, i tuoi detti, beato
Del tuo sorriso

Dolcissimo. Eppur io, misero, quando
Ti miro, ogni mio senso ecco si oscura:
Nulla m'avanza più: trepido ansando

Intorpidisce la lingua; un'intensa
Tenue fiamma le fibre intime invade,
Tintinnano le orecchie, un'ombra immensa
Su gli occhi cade.

POESIA LI B

L'ozio, Catullo, è a te dannoso; è indegno
L'ozio ond'esulti, e troppo omai ti arrise:
Più d'un gran duce e d'un beato regno
L'ozio conquise.

POESIA LII

Che stai, Catullo, a che non crepi subito?
Nonio tincone al curul seggio impancasi:
Pe'l consolato spergiura Vatinio:
Che stai, Catullo, a che non crepi subito?

POESIA LIII

Risi d'un quilibet or or, che udendo
Con un eloquio proprio stupendo

Snudare in pubblico da Calvo mio
Del reo Vatinio l'opre: "Per dio,

Gridò, agitandosi tutto fremente,
Quel cazzabubbolo com'è eloquente!"

POESIA LIV

Molto è minuscola d'Otton la testa

L'anche di Nerio mal terse e goffe;
Le sottilissime di Libon loffe.

Vorrei spiacessero, almeno in parte,
A te e a Fuficio vecchio nell'arte.

POESIA LIV B

O duce unico, di nuovo all'ira
I miei ti muovano giambi innocenti.

POESIA LV

Se il mio richiedere non sia molesto,
Dove, di grazia, ti sei cacciato?

Al campo Marzio, al Circo, a questo
E a quel librajo t'ho invan cercato;

Per fin nel tempio del sommo Giove
E sotto a' portici del Magno, dove

Di te sollecito richiesi a quante
Donnette avessero lieto il sembiante:

"Chi di voi sappia, o cattivelle,
Del mio Camerio darmi novelle?"

Sì che scoprendosi una il sen tosto:
"Fra queste rosee ciocce è nascosto!"

È impresa erculea scovarti omai:
Se nella guardia di Creta mai

Mi trasformassero, se mai portato
Fossi di Pegaso sul dorso alato;

S'io Perseo alípede, o Lada, o asceso
In su la nivea biga di Reso,

Di te, o Camerio, movessi in traccia,
(E qui tu aggiungere puoi, se ti piaccia,

A' desiderj miei tutti intenti
Uccelli, celeri corsieri e venti),

Pur fino all'intime midolle fiacco
Cadrei, cercandoti, languido e stracco,

Ma che superbia bizzarra, io dico,
Ti fa nascondere da tutti, o amico?

Su via, dal guscio sbuca, o che stai?
Coraggio, fídati, dimmi ove andrai.

Che davver t'abbiano, mio buon figliuolo,
Le lattee veneri preso al lacciòlo?

Se tieni a cintola la lingua, tutti
Ti tocca perdere d'amore i frutti.

Ciarliera é Cípride; pur se hai giurato
Serrare a doppia chiave il palato,

Fa' pure il comodo tuo, ma ad un patto,
Ch'io sia partecipe d'amor sì fatto.

POESIA LVI

Buffa e ridicola la scena è in guisa,
Che le tue merita più grasse risa.

Quanto a Valerio tu vuoi del bene,
Catone, ascoltami, rider conviene.

Il caso è proprio buffo: testè
Un ragazzaccio sorpresi, che

Ad una femmina in ogni modo
Affaticavasi piantare il chiodo;

Ma io ghermendolo, me 'l caccio sotto,
E, grazie a Venere, gl'insegno il trotto.

POESIA LVII

Qual meraviglia, che sian concordi
Mamurra e Cesare cinedi tristi,
Se l'uno a Formio, l'altro in città
Di macchie simili si fecer lordi,
Macchie indelebili per ogni età?
In un medesimo lettuccio misti,
Gemelli d'indole, di malattia,

Della medesima saccenteria,
D'allegre femmine socj rivali,
Entrambi adulteri del tutto uguali,
Nella libidine del pari ingordi,
Qual meraviglia, che sian concordi?

POESIA LVIII

La Lesbia, o Celio, la Lesbia, sai,
Quella che unica, più di me stesso,
Più dei miei proprj parenti amai,
La nostra Lesbia, sì proprio quella,
Pe' chiassi e i vicoli di Roma adesso
Di Remo gl'incliti nepoti spella.

POESIA LIX

La bolognese — Rufa Rufolo succia,
Quella mogliuccia — di Menenio che spesso
Pei sepolcreti — frugola, e che allo stesso
Rogo la cena — rapir vi fu veduta;
Quella che, mentre — famelica si caccia
A trar dal foco — la funebre focaccia,
Dal semiraso — beccamorto è battuta.

POESIA LX

Te forse ai monti — di Libia una leèna,
Te forse Scilla — che dagl'inguini latra
Ha procreato — d'alma sì dura ed atra
Che non ti muove — la mia recente pena?
E dell'amico — la supplichevol voce
Disprezzi? O petto — veramente feroce!

POESIA LXI

Dell'eliconio colle
Abitator superno,
Tu che strappi la molle
Vergine al sen materno,
Figlio d'Urania, Imene,
Imeneo, dolce Imene;

GAIO VALERIO CATULLO

D'amaraco odoroso
Cingi le tempie, prendi
Il velo, e con giojoso
Volto, qui tosto scendi,
Il niveo piè costretto
Nel croceo calzaretto.

Desto a' beati istanti,
Con argentina voce
Sciogli i nuziali canti;
E in quel che con veloce
Piede il terren percuoti,
La pinea face scuoti.

Qual Venere al felice
Pastor di Frigia scese
Dall'idalia pendice,
Tale a Manlio cortese
Sen vien Giulia amorosa
Ben auspicata sposa:

Pari ad orientale
Mirto da' rami in fiore,
Cui l'alba è liberale
Di rugiadoso umore,
E sorge in atto loco
Dell'amadriadi al gioco.

Qui dunque il vol ti rechi
Tosto: le tespie rupi
Lascia e gli aonj spechi,
Che alimentano cupi
Di fredda onda sovrana
L'aganippea fontana.

Qui la signora, ardente
Del novo sposo, appella,
Cui stringe amor la mente
Di sì tenaci anella,
Come ad arbore amica
L'errante edra s'implíca.

Voi parimente a un'ora,

O verginelle schiette,
A cui simile aurora
La bella età promette,
Dite cantando: Imene,
Imeneo, dolce Imene.

Oh, come all'armonia
Verrà del vostro invito,
Perchè più presto sia
L'officio suo compito,
Egli che a Vener fida
E al fido amore è guida!

Qual Dio di te più degno
Chiamar posson gli amanti?
Qual fra' Celesti è segno
Di tanti onori e tanti?
Qual mai t'agguaglia, Imene,
Imeneo, dolce Imene?

Propizio a' suoi te chiama
Il tremulo parente;
Il novo sposo brama
Te con orecchie intente;
A te la vergin buona
Scioglie del sen la zona.

Tu stesso al giovinetto,
Cui voglia acre martella,
Tolta al materno petto
La florida donzella,
In man consegni, o Imene,
Imeneo, dolce Imene.

Se te con lieto core
Venere non accoglie,
Un sol onesto fiore
Di voluttà non coglie:
A te de' numi or quale
Osa vantarsi uguale?

Senza di te non vede
Liberi figli il sole,

GAIO VALERIO CATULLO

Nè il padre, orbo d'erede,
Intrecciar può la prole:
A te de' numi or quale
Osa vantarsi uguale?

Terra che mai non vegga
I tuoi riti divini,
Uomo non dà che regga
Dei popoli i destini:
A te de' numi or quale
Osa vantarsi uguale?

Già vien la sposa, aprite
Gli usci: vedete come
Squassan le faci ignite
Le rutilanti chiome?
Che stai? La luce è ascosa:
Esci, novella sposa.

Natio pudor ti tiene
Perplessa; e s'odi intanto
Che tosto andar conviene,
Ecco, raddoppj il pianto.
Che stai? La luce è ascosa:
Esci, novella sposa.

Tergi quel pianto vano,
Arunculea: periglio
Non è che, l'oceàno
Lasciando, il Sol vermiglio
Scovra in un'altra plaga
Donna di te più vaga.

Tal di ricco signore
Nel giardin variopinto
Sorge su l'alba un fiore
Di tenero giacinto,
Che stai? La luce è ascosa:
Esci, novella sposa.

Esci. Zitti, ella appare;
Ascolta i nostri accenti:
Ve' le faci agitare

L'auree chiome fulgenti?
Che stai? La luce è ascosa:
Esci, novella sposa.

Non a furtiva amante
Lo sposo tuo s'allaccia:
Nè, correndo incostante
Di rei piaceri in traccia,
Vorrà lasciar solette
Le tue mamme acerbette.

Ma, quale i rami cari
Attorce il tralcio lento,
Te stringerà del pari
D'avido abbracciamento.
Che stai? La luce è ascosa;
Esci, novella sposa.

O d'amor nido eletto
Dal piè d'avorio, o letto.

Oh, quali gioje e quante
Verranno al tuo signore!
Quanto alla notte errante
E del meriggio all'ore
Godrà! Ma s'è nascosa
La luce; or vieni, o sposa.

Alzate, o giovanetti,
Le faci: io vedo il velo
Venir; sorgan da' petti
I vostri canti al cielo.
Gridate: Evviva Imene,
Imeneo viva, Imene.

Non taccian più le voci
Dei fescennini arguti;
Omai non più le noci
Ai ragazzi rifiuti
Il donzelletto amato
Or dal padron lasciato.

Da' le noci, o mignone

GAIO VALERIO CATULLO

Ozioso, ai fanciulli:
Passò per te stagione
Di teneri trastulli:
Servir Talassio è bello;
Da' le noci, o donzello.

Ti parve in fino a jeri
Irto il mio volto, o illuso,
Ed ora ecco hai mestieri
Di chi ti peli il muso.
O davvero miserello!
Da' le noci, o donzello.

Dicevi, o impomatato
Sposo, che a mal in core
Avresti abbandonato
Il tuo sbarbato amore;
Ma or lo lasci bene;
Imene viva, Imene!

Lecito a te sapere
Di tali cose un poco,
Non lecito a messere
Il ripigliar tal gioco.
Evviva, evviva Imene,
Imeneo viva, Imene.

Ma tu, sposina, bada,
Non gli negar le prove
Ch'ei vuol, perchè non vada
A ricercarne altrove.
O Imene viva, Imene
Imeneo viva, Imene.

Ecco, la casa è questa
Del tuo sposo beata,
Che di tua vita onesta
Sarà la stanza agiata,
(O Imene viva, o Imene,
Imeneo viva, Imene)

Finchè tremula e senza
Vigor traendo stanca,

Farai la riverenza
Con la testina bianca.
O Imene viva, o Imene,
Imeneo viva, Imene.

Con l'aureo piè, di rito,
Il limitar trapassa;
Sotto l'uscio polito
Con buono augurio passa.
O Imene viva, o Imene,
Imeneo viva, Imene.

Ve' come già soletto
Il tuo sposo ti attende;
Come dal tirio letto
Tutto in te si protende!
O Imene viva, o Imene,
Imeneo viva, Imene.

In esso e in te non meno
La fiamma acre ribolle;
Ma cerca a lui del seno
Le più cupe midolle.
O Imene viva, o Imene,
Imeneo viva, Imene.

Lascia, giovanottino,
Il braccio ritondetto
Della sposa: vicino
È del marito il letto.
O Imene viva, o Imene,
Imeneo viva, Imene.

E voi, brave signore
Di fama intemerate
Ed ai vecchi in onore,
La fanciulla assettate.
O Imene viva, o Imene,
Imeneo viva, Imene.

Or vieni, è la tua volta,
O marito: la sposa
Già nel talamo accolta

GAIO VALERIO CATULLO

Splende fresca e vezzosa,
Pari a vitalba o a grato
Papavero incarnato.

E tu, così gli Dei
M'ajutino, o marito,
Non sei men bel, nè sei
A Venere sgradito.
Ma il dì s'è già nascoso;
Rompi l'indugio, o sposo.

Ma tu non troppo attendi:
Eccoti; e così t'ama
Venere, che già prendi
Quant'hai di prender brama,
Nè celi ai nostri sguardi
L'onesto amore ond'ardi.

Dell'Eritreo le arene,
Degli astri le scintille
Numeri pria chi tiene
A numerare i mille
Vostri giochi secreti
E i baci e i colpi lieti.

Godete, o sposi, come
Vi aggrada, e un figlio in breve
Sorga: l'antico nome
Isterilir non deve,
Ma rigoglioso al sole
Crescer d'ingenua prole.

Vo' che un picciol Torquato
Dal grembo della madre
Porgendo al padre amato
Le manucce leggiadre,
Sorrida con incerto
Labbruzzo semiaperto.

E tanto al padre ei pari
Cresca, che a primo tratto
Riconoscan gl'ignari,
Che di Manlio è il ritratto;

E il suo sembiante dica:
La mia mamma è pudica.

Tal dalla madre buona
Gli venga egregia lode,
Quale dintorno suona
A Telemaco prode,
Cui fama unica, eterna,
Dà la virtù materna.

O vergini, chiudete
Gli usci: scherzammo assai.
Lieti, o sposi, vivete;
Esercitate omai
Al dolce ufficio intenti
I forti anni fiorenti.

POESIA LXII

— Espero nasce, o giovani, sorgete
Espero, tanto sospirato, alfine
Alza i raggi all'olimpo, e delle liete
Mense ne indìce col suo lume il fine.
Sorgete, è l'ora; omai la sposa viene;
Imeneo già si canta: «O Imene, Imene.» —

— I giovani scorgete? A lor di faccia,
Su, donzellette. Dagli oètei monti
Il forier della notte omai s'affaccia;
Certo, vedete com'ei balzan pronti?
Nè a caso il fan: vincere a lor conviene.
"Deh t'appressa, Imeneo, t'appressa, Imene." —

— O compagni, la palma agevolmente
Non s'otterrà. Mirate: le donzelle
Volgono un che di meditato in mente,
E diran cose memorande e belle.
Non han pensato invan: brave davvero
Se stillato si son tanto il pensiero!

Noi l'orecchio teniam pronto e l'ingegno,
E chi vincer dovrà, vinca a buon dritto:

GAIO VALERIO CATULLO

Ama i travagli la vittoria. Al segno
Ora il vostro pensiere almen sia fitto.
Dan principio; rispondere conviene:
"Deh t'appressa, Imeneo, t'appressa, Imene." —

— Espero, e quale ha il ciel più cruda stella?
Tu dal materno sen sveller sei oso
Repugnante una figlia, e una donzella
Casta affidare a un giovane bramoso.
E qual potría recar danno maggiore
In conquisa città crudo invasore? —

— Espero, e quale ha il cielo astro più grato?
Tu con la fiamma tua saldi gli amori,
Saldi le nozze ch'avean pria fermento
Tra di loro gli amici e i genitori,
E poi fan piene al tuo splendor giocondo:
Ora più dolce e più felice ha il mondo? —

Espero, o amiche, una di noi si tolse.
"Deh t'appressa, Imeneo, t'appressa, Imene." —

— Eppure al tuo venir veglian le scolte.
L'ombre occultano i ladri; e tu mutando,
Espero, il nome, in sul mattino a volte
Li cogli. Ma di te si vien lagnando
Ogni fanciulla, e traditor ti chiama:
Ch'essa finga aborrir ciò che più brama? —

— Qual fior modesto in chiuse ajuole nato,
Ignoto al gregge, dall'aratro intatto,
Carezzato dall'aure, alimentato
Dalle brine e dal Sol vivido fatto,
È di fanciulle e di garzon' desio,
Finchè riman sul cespite natìo;

Ma se lieve da un'unghia ei colto viene,
Nè garzone il desia nè giovinetta;
Vergin così, finchè pura si tiene,
Cara agli uomini vive, ai suoi diletta;
Me se perde il fior casto, onde si fregia,
O donzella o garzon più non la pregia. —

— Come in brullo terren vedova vite
Non sorge mai, non di bei grappi splende,
Ma chinando al suo peso il corpo mite,
I sommi tralci al piede umile stende:
L'arator nega ad essa ogni cultura,
Passa l'agricoltore, e lei non cura;

Ma se avvien che d'un olmo è sposa fatta,
Cara al cultore e all'arator diviene;
Vergin così, finchè rimane intatta,
Negletta invecchia in solitarie pene;
Me se sposo conforme a tempo acquista,
Più cara è all'uomo, e al genitor men trista.

O giovinetta, con un tal marito
Tu non volere contrastar; dai tuoi
Fosti a lui data con solenne rito:
Disubbidire ai genitor' tu puoi?
La tua verginità, credi, o diletta,
Tua non è tutta: anche a' parenti spetta.

Spettan due parti a quei da cui nascesti;
Tu solo un terzo hai di sì bel tesoro;
E pugnar sola contro a due vorresti,
Che cesser con la dote i dritti loro?
La tua vita allo sposo indi appartiene.
"Deh t'appressa, Imeneo, t'appressa, Imene." —

POESIA LXIII

Gli alti mari varcati in agil prora,
Cupido al frigio bosco Ati pervenne;
Penetrò della dea l'ardua dimora
Di selvosa precinta ombra perenne;
Da cieca smania stimolato allora,
Fuor di sè stesso a tal furore ei venne,
Che di selce un coltel subito preso,
Della virilità si svelse il peso.

Spento di sesso il corpo e di recente
Sangue vista qua e là tinta la terra,
Con nivea mano il timpano, repente,
Inizio tuo, madre Cibele, afferra:

GAIO VALERIO CATULLO

Con le tenere dita or leste or lente
Sul cuojo taurin martellando erra,
E tremebonda alla caterva tanta
Delle compagne in questa guisa canta:

"Su, di Cibele agli alti boschi, o Galle,
Gregge di Dindimena, insiem correte;
Voi ch'esuli il natio suolo a le spalle
Lasciaste, e dietro a me corse qui siete,
E varcato del mar l'orrido calle,
Smaschiato il corpo, a Cipri in odio, avete,
Su, col fragor della furente giostra
Lenite il cor della signora nostra.

Bando al torpore; tra le frigie piante,
Di Cibele alle case ecco io vi guido,
Ove il timballo e il cembalo sonante
E il torto flauto frigio alzano il grido;
Ove il crin cinta d'edra ogni baccante
Celebra l'orgie con acuto strido,
Ove a vol della Dea la schiera viene,
Là tra rapidi balli andar conviene."

Alle compagne sue così cantò
Ati femmina incerta; e tosto il coro
Con le trepide lingue alto ululò;
Il timpano muggì, rombò il sonoro
Cembalo; e il tiaso al verde Ida affrettò.
Fiera, ansante, pe' boschi, innanzi a loro,
Qual vitella che indoma il giogo evita,
Ati il timpano squassa, e il core incita.

Rapido dietro all'agil condottiera
Lo stuolo de le Galle alterna i passi,
Finchè alla stanza della dea severa
Gittano per la selva i corpi lassi:
Un tacito languore entro la fiera
Alma d'ognuna insinuando vassi;
E prima che da lor cibo si tocchi,
In un lento sopor chiudono gli occhi.

Ma come il sole il bianco ètere schiara
Con gli occhi radiosi e l'aurea faccia,

E dal mare aspro e dalla terra avara
Coi sonípedi suoi l'ombre discaccia,
Subitamente dalla pace cara
Ed insieme dal sonno Ati si slaccia;
E il sonno, che da lei ratto si toglie,
Nell'ansio sen di Pasitea s'accoglie.

Ati, che sgombra di furor la mente
Per l'avuto riposo anco sentiva,
Riandò le sue cose, e chiaramente
Dove fosse ben vide e di che priva:
Con l'animo in tempesta immantinente
Si ricondusse alla deserta riva,
E il mar guardando lacrimosa, queste
Volse alla patria sua parole meste:

"O patria, o creatrice e madre mia,
Dunque, o misera, ah dunque io t'ho lasciata,
Qual fuggitivo servo, e per gran via
Ho l'orma a quest'idei boschi portata,
Perchè sepolta fra le nevi io stia
In gelide spelonche abbandonata?
Perchè, vagando in queste orride selve,
Io contenda il geloso antro alle belve?

Dove posta sei tu? Dove degg'io
Drizzar l'occhio che in te volger si piace,
Or che per breve istante entro il cor mio
La torva smania, come fa, si tace?
Lungi dunque dal mio tetto natio
Trascinar qui torrò la vita in pace?
E patria e beni e amici e genitori
E convegni e palestre e giochi e amori?...

O misero mio core, ognora, ognora,
O misero cor mio, pianger tu dèi.
Qual mai delizia la mia vita ignora?
Qual mancò gioja ed agiatezza a lei?
Fanciul, garzone, giovinetto, un'ora
Mai non ebber d'affanno i giorni miei:
Io che femmina or son, misero, il fiore
Fui dei ginnasj e delle giostre onore.

Erano le mie porte ognor frequenti,
Fervea sempre d'amici il limitare;
Quando, già sorto il Sol, dalle tepenti
Piume tranquillo io mi solea levare,
Incoronata di corolle olenti
La mia casa ridea come un altare.
Ed io ministra di Cibele adesso?
Io baccante, io smembrata, io senza sesso?

E abiterò il nevoso Ida? E qui tratto
Sarà tra' boschi il mio giorno mortale,
Sotto a queste colonne alte, ove il ratto
Cervo balza ed imboscasi il cignale?
Ahi, già di quel che osai, di quel che ho fatto
Già dolore e rimorso il cor m'assale!"
Queste dai rosei labbri uscían querele:
Ma le udiron gli Dei, le udì Cibele.

Staccò dal giogo un dei leoni, e il fiero
Di greggi insidiator col cenno aizza:
"Va', gli dice, e col tuo impeto, o altero,
Colui di nuovo alle foreste indrizza:
Sottrarsi ei tenta al mio tremendo impero.
Or su, flagella i fianchi, esci alla lizza,
La giubba squassa in su le muscolose
Spalle, ed al tuo ruggir tremin le cose."

Minacciosa così parlò Cibele,
E il giogo dislegò. Ratta si sferra
La belva, e stimolando il cor crudele,
Fremendo passa, e rami e arbusti atterra.
Ma giunta ove la molle ed infedele
Ati si sta co' suoi pensieri in guerra,
Là dove il lido biancheggiante appare,
E marmoreo ed immenso apresi il mare,

In lei proruppe. Di spavento insana
Fece ai boschi selvaggi Ati ritorno,
E là nella profonda ombra montana,
Quanto fu la sua vita, ebbe soggiorno.
O Dindimena dea, gran dea sovrana,
Alle mie case deh non far mai scorno;
Lungi la rabbia tua, lungi al mio core;

Altri invada, altri infiammi il tuo furore!

POESIA LXIV

Nati sul pelio giogo eran quei pini,
Che primi (se di fede il grido è degno)
Del Fasi ai flutti ed agli eètei fini
Il nettunio varcâr liquido regno,
Quando, l'aureo a rapir vello a' Colchini
Il fior de' prodi argivi, in agil legno,
Osò, lungi scorrendo i gorghi amari,
Sferzar con lignei remi i glauchi mari.

La dea, che in guardia tien l'ardue castella,
Il carro alato di sua man costrusse,
Ella spianò le pinee travi, ed ella
A la curva carena indi le indusse.
A nova impresa allor per via novella
Sul pelago scoglioso egli s'addusse:
Fendeasi al rostro il mar ventoso, e tutti
Torceansi al remo incanutiti i flutti.

Fu allor, che degli abissi biancheggianti
Le nereidi marine erser le ciglia,
E allo strano spettacolo i sembianti
Teneano immoti da la meraviglia.
Allor fu, che mortale occhio i raggianti
Corpi fruì dell'equorea famiglia,
E mirò delle ninfe alme l'aspetto
Nude, fuor delle spume, a mezzo il petto.

Indi Peleo per Teti arse d'amore,
Nè d'umani imenei Teti fu schiva;
Ed anch'esso di Teti il genitore
Il maritaggio di Pelèo sanciva.
O nati in una età tanto migliore,
Eroi, figli d'un nume o d'una diva,
Salvete anco una volta; e s'avvien ch'io
V'invochi, sorridete al verso mio.

Or te, colonna di Tessaglia, io canto,
O Peleo, te cui dall'insigni tede
Crebbe decoro e a cui dei santi il santo

GAIO VALERIO CATULLO

Dei numi il padre l'amor suo già diede.
E sua tu fosti che di bella hai vanto
Fra quante in mar figlie di Nereo han sede?
E la nipote sua trar dalle braccia
Si lasciò Teti e il mar che il mondo abbraccia?

Giunge il tempo alle nozze, e la bramata
Alba non prima appar, che a stuolo, a schiera,
Doni recando, alla magion beata
Festeggiante si trae Tessalia intera.
E Sciro e Tempe e Ftia sola è lasciata,
Si spopola Cranon, Larissa altera:
Tutti la brama di Farsaglia invase,
Tutti a gremir van le farsalie case.

Nessun dei campi al placido lavoro
O l'umil vigna a rastrellare attende;
Ammorbidisce ai bovi il collo; il toro
Col vomer curvo il suol duro non tende;
Nè gli alberi a potare e scemar loro
L'ombre soverchie alcun la falce prende;
Tacciono l'opre; rugginoso ed atro
Si fa nell'ozio il già lucente aratro.

Ma d'argento, ma d'òr tutta sfavilla
Fin tra' recessi suoi l'inclita reggia;
Su l'ampie mense il vasellame brilla,
Nitido ai sogli l'avorio biancheggia;
E in mezzo a regio fasto, onde scintilla
La magion tutta, il talamo troneggia,
Tutto d'indico dente o di tal forma,
Che degno è bene che una dea vi dorma.

Di violetto murice dipinta
Purpurea coltre istoriata il veste,
Dove con arduo magistero è pinta
Qua là qualcuna dell'eroiche geste.
Ecco, sul mare, onde ogn'intorno è cinta,
Arianna affisar le luci meste;
Di Nasso ondisonante è questo il lido,
Quel che fugge è il navil di Teseo infido.

Guarda incerta la misera, e nel petto

A frenar la sorgente ansia si prova,
Chè quanto innanzi a sè vede in effetto
Credere illusione anco le giova.
Desta appena dal sonno maledetto
Sola in deserta arena ella si trova:
E Teseo fugge, e le promesse care
Dà all'aure, e solca spensierato il mare.

Trista i dolci occhi, di Minòs la figlia
Mira, ahi, dall'alghe dilungar la vela,
Mira, e marmorea Menade somiglia,
Se non che in gravi onde affannose anela.
Non tenue mitra il crin biondo le impiglia,
Non zona il latteo seno o frena o cela;
Le vesti, onde s'è svolto il corpo tutto,
Son qua e là al suo piè gioco del flutto.

Qual della mitria cura e del fluente
Peplo aver l'infelice allor potea,
Se con tutto il pensier perdutamente,
Da te con tutto il cor, Teseo, pendea?
Ahi, fra che lutti, in che spineto ardente
L'avea cacciata l'ericinia dea,
Dacchè, il Pireo lasciando, era all'astuto
Signor di Creta il fier Tesèo venuto!

Soleva Atene da un contagio astretta,
A scontar d'Androgeo l'eccidio infame,
Di vergini e garzon' dare un'eletta
Del Minotauro a saziar la fame.
Ma Teseo vuol gittar per la diletta
Patria la vita in singolar certame,
Pria che Atene lasciare a cotal sorte,
Che offrir dee, per campare, i figli a morte.

S'imbarca tosto, e con propizio vento
Del gran Minosse all'alta reggia arriva.
Quivi il vide, il mirò con guardo intento
La donzella regal, che casta oliva,
E con la madre in molle abbracciamento
Nello stesso lettuccio anco dormiva,
Qual mirto dell'Eurota o fior gentile
Che alla sponda nativa èduca aprile.

Ma non prima da lui le desíose
Luci chinò, che pienamente in core
E in tutto il corpo e ne le più nascose
Midolle accolse il violento ardore.
In quali smanie, oimè, tu che le rose
Mesci alle spine, o fanciulletto Amore,
In che mar la balzasti iniquo e fosco,
O dea di Golgo e dell'idalio bosco!

Arde la meschinella, ed ogn'istante
Il biondo ospite suo chiama e sospira.
Quante nel languidetto animo, quante
Paure accoglie, e come ansa e delira!
Come spesso più pallida in sembiante
Si fa dell'oro, quando Teseo aspira
Col bieco mostro cimentarsi, e l'alma
Perdere agogna o conquistar la palma!

E muta prega, ed agli Dei promette
Cari, inutili doni, e voti appende.
Ma come quercia o pin, che dalle vette
Del Tauro, vigoroso ampio si stende,
Squassando e contorcendo al ciel l'erette
Braccia, al turbine immane alfin s'arrende,
E sradicato dall'alpestre altezza
Ruina, e quanto incontra atterra e spezza;

Così la belva da Tesèo domata
Cadde, ai venti agitando invan le corna.
Incolume l'eroe dall'onorata
Gesta fra molte lodi indi ritorna;
Nè dalla dritta via per l'intricata
Laberintèa spelonca erra o si storna,
Chè dato a lui da la fanciulla fida
È un tenue filo all'orme sue di guida.

Ma devo, errando dal primier soggetto,
Narrar com'ella agli occhi si togliea
Del padre, ai baci della suora, al petto
Della madre che in lei tutta vivea?
E che, tutto posposto al dolce affetto
Di Teseo, il mar secco passato avea?

E che, mentre dormía di Nasso al lito,
L'abbandonò l'immemore marito?

Chiama ella e grida, e insana e furibonda
Per greppi e balze angosciosa ascende,
E nell'immensa azzurrità dell'onda
L'arse pupille immobile protende;
Poi corre all'orlo dell'ondosa sponda,
Nè di calzare il piè molle difende;
E singhiozzando e lacrimando insieme,
Queste muove dal sen querele estreme:

"Così, perfido, me ch'al natio lito
Strappasti, così me, perfido, in questa
Piaggia hai lasciata? E sei, Teseo, partito?
E pensiero di me nullo a te resta?
Il giuramento dagli Dei sancito
Così l'anima tua dunque calpesta?
E rechi, in pegno di cotanto affetto,
Gli esacrandi spergiuri al patrio tetto?

Come, o crudel, potè l'aspra tua mente
Non inchinarsi ad un pensier men rio,
E verun senso di pietà, clemente
Ti fe', non che benigno, al dolor mio?
Eppur ben altro, o falso cor, sovente
Mi promettevi, altro a sperare ebb'io,
Quando, misera, offrivi agli occhi miei
Bramate nozze o splendidi imenei!

Ma le promesse e i giuramenti in preda,
Ahi, dell'aria e del vento, ecco, sen vanno.
Ad uom che giuri or più donna non creda
Nè speri un detto sol senza un inganno.
Finchè di noi fatto non hanno preda,
Di pregar, di giurar, tema non hanno;
Ma sazio appena il cupido desio,
Giuri e promesse pongono in oblio.

Del turbibe di morte, in cui travolto
Ti travagliavi, io sola, io ti strappai;
E più tosto il fratel mi fosse tolto,
Che all'uopo a te mancar, perfido, amai.

GAIO VALERIO CATULLO

Oh dolce guiderdon che n'ho raccolto!
Oh premio degno che donato m'hai!
Sarò sbranata dalle belve, e l'ossa
Mie nessun comporrà dentro alla fossa!

Qual lionessa, in che burroni orrendi
Ti partorì? Qual mai Sirti abborrita,
O Scilla irta, o Cariddi atra, se rendi
Tale a me premio della dolce vita?
Se dell'antico genitor tremendi
Eranti i patti, se al tuo cor gradita
Cosa non era a te consorte farmi,
Potevi pure alla tua reggia trarmi.

T'avrei seguito ancella, avrei gioconda
Queste mie mani al tuo servigio addetto,
Terso i bianchi tuoi piè nella pura onda,
Ricoperto di porpore il tuo letto.
Ma a che per questa solitaria sponda
All'aure ignare i miei lamenti io getto?
Forse alcun senso di pietade esse hanno,
E udir mie voci e a me risponder sanno?

Ei per l'onde sen va mentre ch'io gemo;
Nè uman vestigio su l'arena appare:
Così feroce nel momento estremo
La fortuna ai miei mali ama insultare;
Ed un'orecchia invidia al mio supremo
Dolor, che ascolti le mie voci amare!
Oh, non avesse mai l'ateniese
Prora, gran Dio, toccato il mio paese!

Mai non avesse il perfido nocchiero,
Recando al Toro indomito il tributo,
Qui legato la fune e lusinghiero
Da noi, nel tetto nostro, ospizio avuto!
Malvagio! E mascherar sì rio pensiero
Sotto un volto sì affabile ha saputo!
Ma che rammento io mai? Di qual consiglio
Mi giovo? A che speranza ora mi appiglio?

Andar su l'Ida? ahi, per mirar l'orrendo
Gorgo, onde il tetto mio quinci è diviso?

Sperar nel padre ch'io lasciai, seguendo
Chi nel sangue fraterno erasi intriso?
O dello sposo a consolarmi io prendo
Nell'amor fido e nel sincero viso,
Dello sposo, che a me togliesi, e lento
Curva i remi sul liquido elemento?

Tetto non ha la spiaggia abbandonata;
Non ha l'isola tutta uman soggiorno;
Varco non è tra' flutti ond'è cerchiata,
Sì ch'io d'uscirne sperar possa un giorno;
Di fuggir, di campar via non m'è data;
Tutto è silenzio, è vuoto, è morte intorno.
Ma non pria languiran nel sonno immenso
Quest'occhi, e perderò stanca ogni senso,

Che sul capo del perfido consorte
Io non chieda agli Dei giusta vendetta,
E non implori al ciel sino alla morte
La giustizia ch'ai miseri si spetta.
Su, Furie, voi che il crin di serpi attorte
Gli empj colpite della pena addetta,
Voi che l'ire del cor sul fronte avete,
Le mie querele a udir qui qui correte.

M'udite; dalle mie viscere, o dive,
Sgorgan le voci mie calde e sincere,
E voi non fate che d'effetto prive
Cadan col pianto mio le mie preghiere.
Misera, ardente, insana in queste rive
Teseo lasciommi con crudel pensiere;
E col pensier, con cui da me partia,
A' suoi funesto ed a sè stesso ei sia!"

Poichè dal core addolorato questi
Detti la donna abbandonata emise,
E anelando imprecò giorni funesti
A chi tutte le sue speranze uccise,
Assentì l'immortal re dei Celesti
Col cenno invitto, e alla preghiera arrise:
Tremò la terra al cenno, e gli aspri flutti
E gli astri e i cieli s'agitaron tutti.

Di cieca nebbia e d'oblioso errore
S'avvolse allora di Tesèo la mente,
Sì che gli avvisi ch'avea fitti in core
Dileguaron da lui subitamente;
Nè, i lieti segni alzando al genitore
Che l'aspettava trepido e dolente,
Mostrò, che avendo il Minotauro morto,
Salvo ei tornava all'erittonio porto.

Fama è ch'Egeo, quando il figliuol diletto
Lasciava della dea casta le mura
E affidavasi al mar, lo strinse al petto,
E dar questi precetti ebbe a lui cura:
"O figlio unico mio, nato al mio affetto
In sul confin della vecchiezza dura,
Di lunga vita a me più caro figlio,
Ch'io lasciar devo a sì mortal periglio,

Deh, se la mia fortuna ed il tuo molto
Valor ti svelle a me per mio tormento,
(Misero, e sazie dell'amato volto
Queste languide ciglia anco non sento!)
Tranquillo io non torrò che mi sii tolto
E lietamente apra le vele al vento,
Prima che a lungo io non mi sia doluto,
E sparso abbiam di polve il crin canuto.

E voglio inoltre, che una vela nera
Tu su l'ondivagante albero appenda,
Perchè al color dell'atra tela ibera
Il mio lutto, il mio foco ognun comprenda.
Ma se la dea, che al sacro Itone impera,
Perchè la reggia d'Eretteo difenda,
Consentirà, che la tua mano intrisa
Sarà nel sangue della belva uccisa,

Ti si suggelli nella mente questo,
E siati in ogni caso ognor palese:
Depongano le antenne il vel funesto,
Come a vista tu sii del tuo paese:
Issin le torte funi, issino presto
Il candido trinchetto in sul calcese,

Perch'io conosca alfin, che a lieti giorni
Tu sei serbato, ed al mio sen ritorni."

Come le nubi dall'aerea cima
Di nevosa montagna il vento caccia,
Dal core di Tesèo, dov'eran prima,
Questi avvisi sparîr, nè lasciàr traccia.
Ma il genitor che da una torre adima
Lagrimosa pe 'l mare ampio la faccia,
Ed ansíoso dall'estrema vetta
Gli occhi consuma, e vigilando aspetta,

Appena scorge tra le vele al vento
Svolgersi ancor la lugubre gramaglia,
Credendo il figlio acerbamente spento,
Su gli alti scogli a capo giù si scaglia.
Così pari è la pena al tradimento,
E Teseo ed Arianna un lutto agguaglia;
Chè il dolor, ch'egli alla Minòide inflisse,
Lui spensierato al suo ritorno afflisse.

Mira fra tanto la fanciulla mesta
La perfida carena allontanare,
E in cor volgendo aspre memorie, resta
Immobilmente a riguardare il mare.
Nell'altro lato della regia vesta
Pinto, anzi vivo, il giovin Bacco appare;
E a te muove, Arianna; e dall'acceso
Volto ben mostra che di te s'è preso.

I Satiri e i Sileni in Nisa nati
Van dietro a lui ruzzando in lieto coro;
E, il capo indietro, con fieri ululati
L'ebbre Baccanti pazzeggian con loro.
E altre squassano i tirsi inghirlandati;
Chi scrolla i pezzi d'uno sbranato toro;
Qual di serpi s'attorce, e quale in cieca
Cesta del Dio gli alti misterj reca.

Erta le palme altra i timballi scote;
Chi di metallo due piastre battendo,
Prolungate ne trae stridule note;
Caccia il barbaro flauto un fischio orrendo;

Mentre, gonfiando al corno altra le gote,
Va di rauchi rimbombi i campi empiendo.
Bella di tali aspetti è l'ampia tela,
Che il talamo regale adorna e vela.

Poichè la gioventù tessala paga
Fu d'ammirarla, ai numi il loco diede.
E come del mattino all'aura vaga,
Quando l'alba di poco il Sol precede,
Placido tremolar l'equorea plaga
E quasi all'euro abbrividir si vede:
Lente lente da pria muovonsi l'onde,
E con lieto garrir bacian le sponde;

Ma se più cresce il vento e il mare investe,
S'incalzan più e più, sorgono i flutti,
E lungi alzando le spumose creste,
D'un purpureo color balenan tutti;
I Tessali così con orme leste
Si son già fuori della reggia addutti,
E movendo qua e là per via diversa,
Al suo borgo, al suo tetto, ognun si versa.

Primo dal Pelio, quando ei fûr partiti,
Chiron, recando agresti doni, arriva:
Quanti mai di favonio all'aure miti,
Ai campi, agli alti monti, ai fiumi in riva
Crea, sporge, educa April steli fioriti,
Tanti ei commisti in vaghi mazzi univa;
Sì che di lieti odori imbalsamata
Sorrise tutta la magion beata.

Peneo vien dopo, che l'amena valle
Abbandonò di Tempe, a cui solenne
Dan le selve imminenti ombra a le spalle,
E c'ha dai sacri balli onor perenne.
Platani ombrosi e alteri faggi dalle
Radici evulsi egli a recar qui venne;
Nè il cipresso e l'allor ch'erge la fronte
Manca, nè quei che piange arso Fetonte.

E perchè l'atrio abbia di fronde un velo,
Folti dintorno alla magion li assetta.

Vien poi Prometeo, che dell'arduo zelo
Il fio pagò su la caucasea vetta,
Quando sospeso all'alte balze anelo
Sentì delle catene aspre la stretta;
Passò stagion, ma della pena acerba
Scemati alquanto i segni antichi ei serba.

Il padre degli Dei dal ciel poi giunge
Con la consorte santa e la felice
Prole, te sol, Febo, lasciando lunge
E l'unica dell'Idro abitatrice:
Però che desiderio alcun non punge
Nè te, nè lei cui fu Latona altrice,
Di venir su la terra, e l'imeneo
Concelebrar di Teti e di Pelèo.

All'ampie mense d'ogni cibo piene
Siedon gli Dei sui nivei sogli, intanto
Che tentennando il corpo in moto lene
Sciolgon le Parche veritiere il canto.
Fin al piè l'egre membra avvolte tiene
Bianco e di rossa lista ornato un manto;
Nivee sul capo antico hanno le bende;
La man di rito all'opra eterna attende.

Regge la manca la vellosa rocca,
Trae l'altra or con dita alte il fil diffuso,
Or col pollice in giù torcendo scocca
Librato in aria in largo giro il fuso;
E ad ora ad ora eguaglian con la bocca,
E assottigliano il fil, siccome è l'uso;
E i bioccoli, che fean l'opera scabra,
Qua e là s'attaccan su l'arsicce labra.

Anzi ai lor piedi in viminei cestelli
La molle e bianca lana è custodita;
E mentre che così filano i velli,
Suona la voce lor chiara e spedita:
Parlano i fati ne' lor canti belli
Ch'avranno al mondo imperitura vita,
E che giammai, finchè s'aggiri l'anno,
Popol nessuno accuserà d'inganno.

GAIO VALERIO CATULLO

"Tu che a difesa dell'ematia gente
Degli avi le virtù crescendo vai,
E di tua nobiltà segno eccellente
Darai nel figlio, onde più chiaro andrai,
Quest'oracol verace accogli in mente,
Che le tre suore a te schiudono omai;
E voi che i fati insiem col fil traete,
Correte, o fusi, a trarre il fil correte.

Già, desio di mariti, Espero splende,
Già viene a te col lieto astro la sposa,
E l'anima, che a lei paga s'arrende,
T'inonda della sua luce amorosa:
Ecco, le braccia tenere protende,
Ed intorno al tuo gran collo le posa;
E unir vuol teco sul guanciale istesso
I sonni languidetti in lungo amplesso.

Qual tetto accolse mai, qual fido amore
Legò, Teti e Pelèo, due pari a voi?
Da voi verrà chi non saprà terrore,
Achille nascerà fior degli eroi;
Che dal petto fia noto in suo valore
E non dal tergo agl'inimici suoi;
E tanto avrà nel corso agili i nervi,
Che il piè fulmineo vincerà dei cervi.

Nessun guerriero in sua virtù securo
Del Pelide sfidare osi la mano,
Allor che nel decenne assedio duro
Il frigio suol berà sangue trojano,
E il nipote di Pelope spergiuro
Adeguerà le troiche mura al piano.
Su, voi che i fati insiem col fil traete,
Correte, o fusi, a trarre il fil correte.

Il suo valore, ogni sua chiara impresa
Su' morti figli le madri diranno,
Quando, il crin bianco tra la polve, offesa
Con l'egre palme al sen vizzo faranno.
Siccome il falciator per la distesa
Bionda de' campi, allor che ferve l'anno,
Mietendo atterra il denso grano, Achille

Prostrerà i Troj col ferro infesto a mille.

Di sua virtù, del poter suo stupendo
Sarà del Xanto testimonio il flutto,
Che al rapido Ellesponto alto volgendo
Avrà il cammin d'uccisi corpi ostrutto,
E nella mora dell'eccidio orrendo,
Ecco, diventerà tiepido tutto.
Su, voi che i fati insiem col fil traete,
Correte, o fusi, a trarre il fil correte.

E dell'estinto attesterà la possa
La vergine da lui prima rapita,
Che all'eccelso suo tumulo percossa
Le nivee lascerà membra e la vita;
Quando, le mole delle rocche scossa,
Che intorno ad Ilio avea Nettuno ordita,
Gli Achei già stanchi della lunga guerra
Si verseran nella dardania terra.

L'eminente sepolcro allor bagnato
Fia del sangue gentil di Polissena:
Come vittima suol, cui ben temprato
Ancipite coltel subito svena,
Ella ad un tratto il corpo inginocchiato
Mozzo abbandonerà sopra l'arena.
Su, voi che i fati insiem col fil traete,
Correte, o fusi, a trarre il fil correte.

Su dunque, o sposi: il desiderio ardente
Sia dell'anime vostre alfin compito;
Mescete i baci, il giovane fervente
La sposa accolga con felice rito;
Sia la divina giovane fiorente
Concessa alfine al cupido marito;
E voi che i fati insiem col fil traete,
Correte, o fusi, a trarre il fil correte.

Cinger lei non potrà più la nutrice
Del solito monile al novo giorno;
Nè tremerà l'afflitta genitrice,
Che la discordia del nuzial soggiorno
Sperar non le conceda una felice

Corona di nepoti a lei d'intorno.
Su, voi che i fati insiem col fil traete,
Correte, o fusi, a trarre il fil correte."

I fausti vaticinj erano questi,
Che le Parche esprimean dal divin petto,
Di presenza a Pelèo: giacchè i Celesti
Scender pria degli eroi soleano al tetto,
E gli occhi dei mortali ancora onesti
Bear talora del lor santo aspetto,
Quando la pia religion primiera
Dalla terra cacciata anco non era.

E spesso il padre degli Dei, venuto
Quaggiù nell'annual festa a lui cara,
Nello splendido suo tempio seduto
Cento buoj cader vide appiè dell'ara;
Spesso là del Parnaso al giogo irsuto
Scorrazzando venia Libero, e a gara
Con alte grida e chiome all'aure erranti
Infuriavan l'uvide Baccanti

Tutto allora di Delfo, ad incontrare
Il dio, correa, premeasi il popol folto,
E gongolando nel fumante altare
Era tosto il divino ospite accolto.
Spesso apparia, tra le funeste gare,
Di Marte, ad aizzar gli uomini, il volto;
E la Rammusia vergine scendea
Sovente e del Triton ratto la dea.

Ma poi che l'empietà la terra bebbe,
E cacciata dai cori avidi in bando
Errò Giustizia, ed il fratel cor ebbe
Nel sangue del fratel tingere il brando;
Poi che morire i figli, e non gl'increbbe,
Vide il padre, anzi cupido, agognando
Coglier libero il fior d'altra consorte,
Del suo primo figliuol bramò la morte,

Poi che contaminando empia i penati
La madre scellerata al figlio ignaro
Si soppose, e nei petti infuriati

Giusto ed ingiusto insiem confusi andâro;
D'allor gli Dei più non si son degnati
A noi volger la mente, e sotto al chiaro
Sol palesare il lor beato aspetto,
Nè visitar questo reo volgo abietto.

POESIA LXV

Ben che malinconia che mi conquide,
Ortalo caro, tra continui lutti,
Me dalle dotte vergini divide,

Così che delle muse i dolci frutti
Più non vale ad esprimere la mente,
(Di tanti mali s'affanna tra' flutti:

Però che la funesta acqua fluente
Nel letèo gorgo il piede illividito
Bagna del fratel mio con onde lente,

Del fratel mio, cui sotto al retèo lito
L'iliaca terra grave strugge, omai
Da poco a questi afflitti occhi rapito.

Dunque più mai ti parlerò? Più mai
T'udrò narrarmi i tuoi casi, o fratello,
Ch'io molto più della mia vita amai?

Nè più mai ti vedrò? Pur mi fia bello
Sempre l'amarti e in modi lacrimati
La tua fine ridir, pari a l'augello

Di Daulide, che all'ombra d'intrecciati
Rami s'accoglie, e canta in versi mesti
Canta del divorato Itilo i fati)

Pure, fra tante ambasce, Ortalo, questi
Carmi del gran Battiade, ecco t'invio
Ora da me nel sermon patrio intesti.

Poichè non vo' che tu sospetti, ch'io
Abbia all'aure il tuo detto abbandonato,
O che sfuggito sia dal pensier mio,

Come sfugge dal grembo intemerato
D'una fanciulla il pomo, di nascosto
In dono a lei dall'amor suo mandato:

Sopravviene la madre, ed ella tosto
Balza in piè, nè, meschina, in quel momento
Pensa che l'ha tra 'l vel tenue riposto;

Ond'ei fuor salta, e giù pe 'l pavimento
Ratto sdrucciola e via lubrico rota,
Mentr'ella con lo sguardo a terra intento

Cosparge di rossor conscio la gota.

POESIA LXVI

Quei che tutti del vasto ètera i lumi
Scorse, e primo avvisò come ogni errante
Stella avvien ch'or s'asconda or si rallumi,

Come del Sol veloce il folgorante
Candor s'oscuri, come ogn'astro veli
A tempo certo il lucido sembiante,

E come dolce amor tragga dai cieli
Trivia furtiva a' Latmj sassi, ed ella
In esilio felice ivi si celi;

Quel Conon vide me, ch'or sono stella,
Scintillar vivamente, e che fui pria
Chioma recisa a Berenice bella.

Le braccia vellutate al ciel la mia
Reina ergendo, con solenne rito
Me sagrificio a molti numi offria,

Quel dì che dalle nozze alte insignito
Pur novamente, a desolare andava
I confini d'Assiria il re marito,

Che le dolci vestigia anco recava
Da la rissa notturna, allor che delle

Virginee spoglie intrepido pugnava.

Che sia Venere in odio a le novelle
Spose? Che tutte rendano fallaci
Dei genitori le speranze belle,

Perchè al talamo appresso, in tra le faci,
Spargano un mar di lagrimette ardenti?
Oh no, così mi giovi il Ciel, veraci

Non gemono: co' suoi molti lamenti
La mia regina a me chiaro l'ha detto,
Quando vide lo sposo a rei cimenti.

Deserto forse il tuo vedovo letto
Non piangesti? E il partir del fratel caro
Non ti fu di dolor flebil soggetto?

Oh come le midolle egre l'amaro
Pensier t'invase; e ogni senso, ogn'idea
Dal tuo trepido cor dispersi andàro!

Eppur da giovinetta io ti sapea
Magnanima! In oblio dunque ponesti
L'opra che nessun prode osato avea,

Onde ottenesti il regio sposo? Oh mesti
Accenti di commiato al tuo consorte!
E quante volte, o Ciel, gli occhi tergesti!

Il dio che ti mutò dunque è sì forte?
Dunque dal corpo dell'amato mai
Non vuol l'amante dipartir sua sorte?

Allor non senza un'ecatombe, il sai,
A impetrar degli Dei che al dolce sposo
Dato fosse il ritorno, offerta m'hai.

Nè molto andò, che a te vittorioso
Ritorno ei fè, poi che all'Egitto aggiunta
Ebbe l'Asia domata. Al luminoso

Coro degli astri io son per questo assunta,

E sciolgo in novo officio un voto antico;
Ma dal tuo caro vertice disgiunta

Malgrado io fui, malgrado: pudico
Capo, o regina, e te giuro, per cui
Chi giura invan condegno abbia il gastico.

Ma chi co 'l ferro, ond'io tolta ti fui,
Gareggiar può? Dei monti il più sublime
Le radici divelte ebbe da lui:

Non passeggiavan più superbe cime
D'Iperione le progenie chiare,
Allor che i Medi le sue viscere ime

Schiusero; e all'Ato in sen creando un mare,
Dei barbari le torme indi fùr viste
Sopra guerreschi legni alto vogare.

Una chioma che può, se non resiste
Un'alpe a lui? Cada, per dio, distrutta
Dei Calibi la razza avida e triste;

Cada chi primo della terra tutta
Spiò le vene, e la virtù ribelle
Del ferro ebbe a mortali usi ridutta!

Piangeano il fato mio le mie sorelle,
Da me pur dianzi separate, allora
Che l'aere aprendo con le penne snelle,

L'aligero corsier nato ad un'ora
Con l'etiope Mennon le premurose
Piume ad Arsinoe offrì locria signora;

E per le immense regioni ombrose
Dell'ètere con sè toltomi a volo,
Nel casto sen di Venere mi pose.

Chè Arsinoe Zefiritide dal suolo
Cirenaico il mandava, ella ch'è grata
Alle sponde canopie, acciò che solo

Tra le faci diverse, ond'è gemmata
L'aria, non rimanesse il serto d'oro,
Di cui fu già Ariana incoronata;

Ma fosse dato in tra l'etereo coro
Sorger degli astri e a noi, devote spoglie
Del biondo capo, e scintillar con loro.

Così la Dea m'apre del ciel le soglie,
E me, ch'ero umidetta anco di pianto,
Nel tempio degli Dei nov'astro accoglie.

Presso a Calisto licaonia intanto
Piego all'occaso, ed al Leon gagliardo
E alla vergine Astrea passo daccanto;

E quasi duce innanzi movo al tardo
Boote, che nell'alto oceano appena
Ultimo immerge il luminoso sguardo.

Ma benchè degli Dei l'orma serena
Su me passa le notti, ed all'antico
Seno di Teti il novo dì mi mena,

(Vergin Ramnusia, con tua pace il dico:
Chè per tema non fia ch'io taccia il vero,
Nè se degli astri il motteggiar nemico

Mi lacerasse, io patirei che intero
Non uscisse dal petto il pensier mio
Sciolto da' lacci d'ogni vil mistero)

Pur di tanto io non vo lieta, che il rio
Senso non mi martelli, aimè, che ognora
Dal capo amato ognor lungi son io!

Ah, che tesor di sirj unguenti allora
Io beeva, che ancor vergine e lunge
D'altre cure vivea la mia signora!

Deh voi, cui nuzial teda congiunge
Nel sospirato dì, non consegnate

Le membra a lui cui pari amor compunge;

Gittato il verginal velo, non date
Nude le mamme, pria che a me gioconde
Libagioni abbia l'onice versate:

L'onice vostro, io dico, o vereconde
Che cercate l'amor di un casto letto;
Ma di chi sozzi affetti in cor nasconde,

E d'adulteri nodi il seno ha stretto,
Beva la sabbia le profferte esose:
Chè doni dalle indegne io non accetto.

Ma sempre tra di voi, pudiche spose,
La pace alberghi, e sempre i lari vostri
Semini Amore di perpetue rose.

Tu, qualor volgi agli stellati chiostri,
Regina, i lumi, e ne' giorni festivi
Propiziando a Venere ti prostri,

Deh, regina, non sia che me tu privi
Me che fui tua, di sirj unguenti: pia
Versa, o regina, a me balsami a rivi.

Oh, ruinasse per l'eterea via
Ogni astro, e si mutasse il mio destino!
Pur che tua chioma novamente io sia,

Splenda l'Acquario ad Orion vicino!

POESIA LXVII

— O grata al genitore, grata al dabben marito,
Salve, e te Giove favoreggi ognora,

Porta, che a Balbo, è fama, allora hai ben servito
Che il vecchio in queste case avea dimora.

Ma assai male il servisti, quand'ei stecchito giacque,
E a te sen venne l'ammogliato erede.

LE POESIE DI CATULLO

Come cangiar potesti? Di', come non ti spiacque
All'antico padron romper la fede? —

— Così a Cecilio piaccia, a cui passata io sono,
Colpa, o Quinto, io non ci ho, ben ch'altri il dica;

E ch'io son rea, nessuno, nessun può dirlo a buono,
Fuor che la plebe alle fandonie amica.

Basta ch'ella s'accorga d'una qualche sconcezza,
Schiamazza tosto: È tua la colpa, o porta. —

— Fai presto ad asserirlo. Che n'abbia ognun certezza,
E veda e tocchi il fatto stesso, importa. —

— Ma che poss'io? Per altro, chi vuol saperne nulla?-
— Io: con me puoi chiamar gatta la gatta. —

— In primis dunque, è falso, ch'io tradii la fanciulla.
Lo sposo, è ver, l'avea lasciata intatta;

Che pendulo e qual bieta molle il suo pugnaletto
Mai non s'ergea della cintura a mezzo;

Ma, dicesi, che il padre montò del figlio il letto,
E la povera casa empì di lezzo:

O che l'empio suo core di cieco amore ardesse,
O sapendo il figliuol non buono a nulla,

Volle mettere a prova, s'ei tanto nerbo avesse
Da slacciare la zona a una fanciulla. —

— Tu mi parli d' un padre di mirabil pietà,
Che della nuora in sen lo schizzo fe';

Ma ben altri ripeschi dice sapere e sa
Brescia che del Cicnèo colle sta appiè,

Brescia, cui molle e biondo il Mella a mezzo sega,
Brescia la madre della mia Verona. —

— Di Cornelio e Postumio racconta essa la frega,

Coi quali ordì colei la tresca buona.

Diran: Ma come sai tutti questi pasticci,
Se mai dal limitar lungi non vai?

Come udir qui confitta codesti chiacchiericci,
S'altro che aprire e chiudere non sai?

Spesso udito ho colei furtiva con le fanti
Rivangar le sue tresche e nuove e vecchie,

E pronunziava i nomi c'ho detto poco avanti,
Chè non temeva in me lingua nè orecchie;

E poi dicea d'un tale, che non va nominato,
Perch'ei non torca il rosso sopracciglio:

È un lasagnon, che avvolto in gran litigj è stato
Per la bindoleria d'un falso figlio.

POESIA LXVIII

Che tu dal fato e da rei casi oppresso
Questo foglio m'invii scritto col pianto,
Perch'io ti tragga dall'irato flutto
Che te naufrago errante agita e sbalza,
E dal varco di morte ti richiami,
Or che nel freddo talamo deserto
Sfiorar più non t'assente i molli sonni

Venere santa, nè delizia alcuna
Recano al tuo pensier che veglia e geme
I dolci doni delle Muse antiche,
Ciò grato è a me, però che tuo mi credi
Verace amico, e all'amicizia mia
Cerchi di Cipri e delle Muse i fiori.
Ma perchè, Manlio, a te non sieno ignoti
Gli affanni miei, nè tenga mai che aborra
Dagli officj di grato ospite, ascolta
In quali flutti abbia me pur sommerso
La rea fortuna, a ciò che lieti doni
Da un misero ch'io son tu non ti aspetti.

Dacchè data mi fu la bianca veste,
E i giocondi anni miei fioria l'Aprile,
Assai di carmi ebbi vaghezza: ignara
Non è di noi la dea, che mescer suole
Qualche dolce amarezza a' nostri affanni.
Ma da' cari miei studj mi distolse
Del fratello la morte. O fratel mio
A me tolto infelice, ogni mio bene
Con la tua morte, o fratel mio, si franse;
Giace sepolta la paterna casa.
Tutta con te, con te perîr le gioje
Che alimentavi col tuo vivo amore.
Al morire di lui tutti fugai
Gli amati studj dalla mente, tutte
Le delizie dal core. E se tu scrivi,

Ch'al vergognoso starmene a Verona,
Mentre costì nel mio deserto letto
Scalda le membra ogni gentil garzone,
Credi, Manlio, non già d'onta, ma degno
Di pietade son io. Se dunque i doni,
Che la sventura mi rapì, non t'offro,
Perdonami, non posso. In compagnia
D'assai copia di libri io qui non vivo;
Io faccio vita in Roma: ivi il mio tetto,
Ivi le sede, ivi si svolge il filo
Degli anni miei; di tanti scrigni un solo
Mi segue; eccoti il vero: e tu non darmi
Taccia d'alma scortese e di bugiardo,
Se al tuo doppio desio non sodisfaccio;
Più ti darei, se facoltà ne avessi.
Tacer non posso, o Dee, quanto e in che modo
M'abbia Manlio giovato, onde non sia
Che in cieca notte alle obliose genti
Covra il tempo fugace un tanto affetto.
A voi, Muse, il dirò; voi lo ridite
Ai cento, ai mille, e fate sì che questa
Pagina a' più lontani anni il ripeta.
Dell' estinto ognor più cresca la fama,
Nè mai di Manlio al derelitto nome
La tenue tela ordisca intorno Aragne.
Voi ben sapete, o Dee, quanto travaglio
La duplice Amatusia al cor m'inflisse,

GAIO VALERIO CATULLO

E in qual amor cacciommi, allor che pari
Alla trinacria rupe e a la bollente
Fra le gole oetée màlia fontana,
Misero, ardeva, ed in assiduo pianto
Gli afflitti occhi struggendo, umide ognora
Della triste rugiada avea le gote.
Come ruscel che nitido dal masso
Spiccia, d'un monte su l'aerea cima,
Precipitoso ne la fonda valle
Volvendosi da prima, alla frequente
Strada se n'esce, e cheto l'attraversa:
N'ha gran ristoro il passeggier, che tutto
Di sudor molle anela, allor che grave
L'estiva arsura i campi aridi fende;
O qual dolce alitar d'aura seconda
A nocchier che da un turbo atro ravvolto
A Castore e Polluce alzi le palme,
E lungamente il lor favore aspetti,
Tal fu di Manlio a me l'ajuto: il breve
Limite del mio campo egli dischiuse,
Donna e casa ei mi diede ov'io potessi
Esercitare i corrisposti amori.
E quivi entrò col morbidetto piede
La mia candida diva, e la frequente
Soglia sfiorando con la sòla arguta
Del fulgido calzar, stette alla guisa
Che d'amor tutta ardente alla mal presta
Reggia protesilèa Laodamia venne,

Quando ancora l'eroe d'ostia veruna
Non avea sparso il sangue, e alcun dei numi
Fatto propizio ai maritali alberghi.
Deh, a me, Ramnusia vergine, non piaccia
Dar mai principio ad alcun opra, a caso,
Senza l'auspicio degli Dei! Ben quanto
Bramin di sangue pio l'are digiune,
Laodamia il seppe, al cui tenace amplesso
Fu divelto anzi tempo il collo amato
Del novello marito. E non avea,
Misera, ancor di due verni sapute
Le lunghe notti, e saziato ancora
L'avido amor, sì che tradur potesse

Nell'improvvisa vedovanza i giorni!
Ma le Parche sapean, ch'egli dovea
Già non guari perir, se d'armi cinto
Andasse ad oppugnar d'Ilio le mura;
Però che alla fatale Ilio in quei giorni
Correa per la rapita Elena quanto
Fior di senno e di forza avean gli Argivi.
O fatale e nefanda Ilio, sepolcro
D'Asia insieme e d'Europa, Ilio funesta
Che tanti fra le tue ceneri chiudi
Incliti fatti e gloriosi eroi,
Tu desti al mio fratel misera fine
Al dolce fratel mio tolto al mio core,
O fratello infelice, o lieto raggio
Rapito a noi! Con te giace sepolta

L'orba casa paterna, e teco insieme
Le gioje del mio cor tutte perîro,
Che alimentavi del tuo vivo amore.
Nè fra' patrj sepolcri, alle cognate
Ceneri accanto, l'ossa tue composte
Dormono, ma lontan tanto, in estrana
Terra, in lido remoto, in tra la polve
Di tante stragi oscena Ilio le serra.
Ivi accorrean, siccome è grido, in folla
E d'ogni parte i giovanetti achivi,
E deserto faceano il santo foco
Del domestico lare, onde nel cheto
Letto più non gioisse ozj sereni
Paride in braccio alla rapita ganza.
Tolto allora ti fu, Laodamia bella,
Il dolce sposo, a te più che la vita
Più che l'anima caro; e allor dal sommo
Vertice dell'amor, da un turbinoso
Flutto assorbita, in sì profondo abisso
Precipitasti, che non fu più cupo
Il baratro che aprì, se vero è il mito,
Al cillenio Penèo la mal supposta
Prole d'Anfitrion, quando all'impero
Del feroce tiranno ubbidiente,
A prosciugar la putrida palude,
I reconditi visceri diruppe
Della montagna, e di Stinfale i mostri

GAIO VALERIO CATULLO

Tutti colpì dell'infallibil dardo,

Indi, perche de' numi il popol cresca,
E vergine perpetua Ebe non viva,
Del ciel si schiuse al vincitor la soglia.
Ma di baratro tal ben più profondo
Fu l'amor, ch'alla tua cervice indoma
Il duro giogo a tollerare apprese.
Nè tanto caro a genitor cadente
È d'un tardo nipote il piccioletto
Capo, cui gli educò l'unica figlia,
E del diffuso patrimonio avito
Tosto ei segna e destina unico erede,
Disperdendo così l'empie speranze
Del deriso gentil, che alla canuta
Testa, avvoltojo insidioso, rota;
Nè colomba giammai lieta fu tanto
Del suo niveo compagno, a cui sul rostro
Che la morseggia avida figge i baci
Con maggior voluttà che donna alcuna,
Chè donna per natura è mobil sempre;
Quanto al tuo cor, fida Laodamia, il biondo
Sposo fu caro, a cui l'amor ti aggiunse.
Così la luce mia, la mia fanciulla,
Che poco o nulla è a te di ceder degna,
S'abbandonò tra le mie braccia. Amore
Tutt'alba il volto, e tutto oro le vesti
Le danzava dintorno alla persona
Splendidissimamente. E ben che paga
Del sol Catullo essa non viva, io soffro

Rari e cauti i suoi furti, onde non farmi,
Com'è da stolti, oltre il dover molesto.
Giunone, anch'essa delle dee la prima,
Spesso la prorompente ira divora
Alle colpe di Giove, e ben sa quanti
Furti a lei fa l'onnivolo marito.
Ma iniquo è l'assembrar gli uomini a' numi.

Soffri d'un egro padre il peso ingrato.
Nè dalla man paterna al tetto mio
Fu tra sirj profumi ella condotta;
Ma, dal seno del suo proprio marito

Involandosi, a me trasse, e furtivi
Nella tacita notte i doni suoi
Soavissimi doni ella a me diede.
Oh pago esser degg'io, s'anco un sol giorno
Del più candido sasso ella mi segni.

Questo di tanti beneficj in prezzo
Umil carme inviar, Manlio, poss' io,
Perchè ruggine scabra i vostri nomi
Per questa ed altre età punto non tocchi.
Aggiungano gli Dei quanti favori
Ai pii mortali un dì Temi assentìa;
E te prosperi il Cielo e la tua vita
E quella casa in cui la mia signora
Fece con me le dilettose prove,
Ed Ànsere che a te pria mi fe' noto

E da cui nacque ogni ventura mia,
E primamente e sovra ognun colei
Ch'amo più di me stesso, e alla cui luce,
Finchè viva ella sia, viver m'è grato.

POESIA LXIX

Rufo, non istupir, se alcuna donna
Il molle fianco a te piegar non vuole,
Non se dono lo fai di rara gonna,
O di gemma che splenda a par del sole.

Sul conto tuo corre una mala voce:
Che ascondi fra le ascelle un capro atroce.

Temon tutte di questo, ed a ragione:
Non s'accoppia una donna ad un caprone.

Cotal peste crudele or dunque ammazza,
O non stupir se scappa ogni ragazza.

POESIA LXX

Dice la donna mia, ch'altri un amplesso
Fuor di me non avrà, non Giove istesso;

Ma promesse di donna e giuramenti
Scrivi in rapido fiume e affida ai venti.

POESIA LXXI

Se merita puzzare un di caprone,
Se la podagra sega uno a ragione,

Questo rival che t'ha l'amor rapito,
Non può mali più acconci aver sortito;

Fa due vendette ognor che fa all'amore:
Ella crepa dal puzzo, ei dal dolore.

POESIA LXXII

Dicevi un dì: sol di Catullo ho stima;
Per me di Giove stesso egli vien prima.

E allor t'amai, non come il volgo suole
L'amica, ma qual padre ama la prole.

Or ti conobbi, o Lesbia; e se ancor ardo,
Pur son meno di te lieve e codardo.

Come mai? chiedi. Ahi, se la stima muore,
Le stesse infedeltà crescon l'amore!

POESIA LXXIII

Non aspettar del ben che vuoi, che fai,
Bene per bene o gratitudin mai.

Son tutti ingrati, ed il ben far non vale,
Anzi rincresce, ed è stimolo al male.

Io me 'l so, che non ho peggior nemico
Di chi dicesi or or mio solo amico.

POESIA LXXIV

Gellio udì, che lo zio solea far chiasso,

S'ei dicesse o facesse un che di grasso.

A schivar questo, ei dello zio si prese
La moglie, e così Arpocrate lo rese.

L'intento ottenne; ed or convien che taccia
Lo zio, quand'anche in bocca ei gliela faccia.

POESIA LXXVI

Se di qualche diletto è ad uom gentile
Il ricordar l'opre benigne e pie,
Onde mai lealtà non ebbe a vile,

Non mai per voglie nequitose e rie
Infranse il giuro ed abusò i Celesti,
Nè tentò dell'inganno unqua le vie;

Quante, o Catullo, quante mai per questi
Danni ch'or soffri da un ingrato affetto,
Gioie sarà che l'avvenir ti appresti!

Poichè quanto di ben fu oprato e detto,
Tanto, o povero cor, fatto hai per lei,
Che di perfido oblio cinge il suo petto.

Or chè più t'assaetti? Ai tetri e rei
Pensier t'invola; esser d'acciar conviene:
Il tuo dolor non è caro agli Dei.

Ahi, ma un antico amor mai non avviene
Sveller dal seno in un istante: è cosa
Difficil troppo e molte al cor dà pene.

Ma qual che sia, tu non avrai mai posa,
Se non lotti e non vinci: a te quest'una
Salute avanza; e tu ti adopra ed osa.

Numi del ciel, s'è in voi pietade alcuna,
Se alcun soccorso il poter vostro invia
A cui la morte il giorno ultimo imbruna,

Or contemplate le miseria mia;

E se mai puri i dì condussi, or questa
Dilungate da me tabe sì ria,

Che tutte le mie fibre intime infesta,
E il petto invade di sì vil torpore,
Che gioja alcuna al viver mio non resta.

Non chiedo io già, che al suo deserto amore
Suo malgrado ella torni, o che pudico,
Ciò che avvenir non può, torni il suo core:

Io chiedo sol, che questo aspro nemico,
Che in cor mi siede, ed ha sì fier costume,
Fugga da me; questo chied'io, se amico

Alla pietade mia gurda alcun nume.

POESIA LXXVII

O Rufo, o invan da me stimato un giorno;
(Invano? ahi no, ma con mio danno e scorno!)

Così m'hai soppiantato, immiserito,
Straziato il core, ed ogni ben rapito?

Rapito? Oh de' miei dì fiero veleno!
Oh amistà, che sì m'appesti il seno!

E i puri baci di chi a me fu diva
Scompiscerà la tua sozza saliva?

Ma non impune: i tempi che verranno
Tua fama infame e chi tu sei sapranno.

POESIA LXXVIII

Gallo ha un fratel c'ha vaga moglie, e un altro
C'ha un bel figliuolo. Ei che non è sì scaltro

Come galante, i dolci amori appaga,
E accoppia al bel garzon la sposa vaga.

Stolto! E insegna al nipote, ei c'ha consorte,
Come allo zio si fan le fusa torte!

POESIA LXXIX

Come non dir che Lesbio è un bel garzone,
Se Lesbia a lui Catullo e i suoi pospone?

Se tre baci nel mondo aver tu puoi,
O bel garzon, vendi Catullo e i suoi.

POESIA LXXX

Perchè codesta tua rosea boccuccia
Bianca, o Gellio, tu hai più della neve,
Quando al mattino o a sera esci di cuccia
Dopo lungo riposo in dì non breve?

Che vero sia, come la fama canta,
Che ti piace imboccar pezzi da ottanta?

Le rotte schiene di Vittorio, il siero,
Che imbianca i labbri tuoi, dicono: è vero.

POESIA LXXXI

Come! fra tanta gente un uom galante
Non v'è, o Giovenzio, di cui farti amante,

Fuor di costui, che su la grinta brutta
Ha di Pisauro la malaria tutta,

E qual dorata statua il viso ha giallo?
E a me il preponi? E l'ami? Oh il tuo gran fallo!

POESIA LXXXII

Vuoi che gli occhi io ti debba, o se v'ha cosa
Che sia più cara al mondo e più preziosa?

Deh, non togliermi, o Quinzio, il cor di lei,
Che a me più cara è assai degli occhi miei.

POESIA LXXXIII

Lesbia, in presenza a suo marito, dice
Corna di me; ed ei ne va felice.

Ciuco! S'ella tacesse il nome mio,
Avrebbe il nostro amor posto in oblio;

Ma se ne parla, e ne garrisce ognora,
Vuol dir, che l'amor mio ricorda ancora;

Ricorda, e quel che non è certo un gioco,
È irata, vale a dire, è ancor nel foco.

POESIA LXXXIV

Hommodi e hinsidie pronunziar solea,
Se dir commodi e insidie Arrio volea;

E quando hinsidie avea meglio aspirato,
Credea che a meraviglia avea parlato.

Così parlato avean, penso, da bravi
La mamma sua, lo zio Libero e gli avi.

Andato in Siria avean le orecchie tutte
Un po' di requie dalle voci brutte,

Nè temean più d'esporsi a simil prova;
Quand' ecco giunge una terribil nuova:

L'Ionio mar, poi ch'Arrio l'ha passato,
In Hionio mar s'è trasformato.

POESIA LXXXV

Odio ed amo. Com'è? chiedi. Nol so:
So ch'odio ed amo, e gran tormento n'ho.

POESIA LXXXVI

Quinzia a molti par bella. Anche a me sembra,
Che bianche e dritte e grandi abbia le membra;

Ma bella no: donna cotanta e tale
Non ha, se il cerchi, un granellin di sale.

La bella è Lesbia, e tante grazie aduna,
Che all'altre donne non ne lascia alcuna.

POESIA LXXXVII

Nessuna donna può chiamarsi amata
Quanto, o mia Lesbia, amata sei da me;

Non fu mai fede, ed a tal patto data,
Pari alla mia, che tutta ho posta in te.

Ora il mio cor per te ridotto è a tale,
Ed ogni ufficio suo così perdè,

Che a stimarti, anche fida, ahi più non vale,
E a spregiarti, anche rea, forte non è.

POESIA LXXXVIII

Che fa colui che ruzza a notte, in pelle,
Con la sua mamma e con le sue sorelle?

Qual delitto sai tu, Gellio, ha compito
Chi tolse ad uno zio far da marito?

Colpe son queste, cui non può lavare
Padre dell'acque immensurate il mare;

Cose non fa più scellerata e sozza
Chi piega il capo, e il proprio arnese ingozza.

POESIA LXXXIX

Gellio dimagra; e come no? Ha una bella
Vegeta mamma, una gentil sorella,

Un zio sì buono, di cognate care
Una serqua; e potrebbe egli ingrassare?

Solo a toccar ciò che toccare è colpa,
Ben avrebbe di che perder la polpa.

POESIA XC

Un mago nascerà certo da questo
Di Gellio e della madre orrido incesto;

E imparerà degli aruspici l'arte,
Se vere son le persiane carte.

Un mago non può nascere che solo
Dal bacio d'una madre e d'un figliuolo;

L'omento liquefar potrà sol ei,
Sol ei grati cantar versi agli Dei.

POESIA XCI

Non io, Gellio, sperai fido il tuo core
A me in tal pazzo e sciagurato amore,

Perchè ti giudicai fermo e pudico
E d'ogni sozza enormità nemico;

Ma sol perchè non t'è madre o sorella
Costei di cui l'amor sì mi'arrovella.

E ben che molta io teco avessi usanza,
Non credea ciò per te fosse a bastanza.

Ma bastevol ti fu. Tanto hai diletto
In ogni colpa, in ogni vizio abjetto!

POESIA XCII

Lesbia m'impreca, e di me sparla ognora:
Possa io perir, s'ella non m'ama ancora.

Come? Impreco io del pari, e se non l'amo,
Possa io perir, morir davvero io bramo.

POESIA XCIII

D'andarti ai versi, o Cesare, non ho punto pensiero,
Nè mi preme conoscere, se tu sii bianco o nero.

POESIA XCIV

Pinco fornica: o sì, pinco. Non io
Rubo, un ladro dicea, ma il sacco mio.

POESIA XCV

Dopo la nona messe, dacchè fu cominciata,
E dopo nove inverni alfin s'è pubblicata

La Smirna del mio Cinna, mentre Ortensio, oh portento,
Schicchera in un sol anno un mille e cinquecento

La Smirna andrà di Satraco oltre i profondi flutti,
Sorvolerà la Smirna i canuti anni tutti;

Ma nella stessa Padova di Volusio morranno
Gli annali, ed agli scombri camicie ampie faranno.

Il suo tumido Antimaco il popoletto adori;
Io amo, o Cinna, i tuoi brevi capolavori.

POESIA XCVI

Se il desiderio, onde a' suoi dì felici
Rivive il cor tra' suoi perduti amici,

Se il dolor nostro i muti avelli molce
Ed agli estinti alcun ricordo è dolce,

L'acerba fin Quintilia or non lamenta
Quanto dell'amor tuo, Calvo, è contenta.

POESIA XCVII

Se annusar debba a Emilio, per gli Dei,
La bocca o il deretan dir non saprei:

Niente ha dell'uno più pulito, niente

Ha dell'altra più sozzo e più fetente.

A conti fatti è quello il men cattivo,
Se non altro, perchè di denti è privo;

Quella gli ha enormi, e sembra a dirittura
Cassa intarlata di vecchia vettura;

E un'apertura ha così laida e sconcia,
Qual di mula che pisci ardente cioncia.

Eppur fa il mangiacuori e il damerino!
O perchè non lo mandano al mulino?

Perchè non dir ch'egli a leccare è nato
Le marce lacche d'un becchin malato?

POESIA XCVIII

Quanto suol dirsi a un grullo maldicente,
Dir si può contro a te, Vezio fetente:

Con una lingua tal puoi dei villani
Ripulire le scarpe e i deretani.

O Vezio, vuoi finirmi in un momento?
Apri la bocca, ed otterrai l'intento.

POESIA XCIX

Mentre giocherellavi, Giovenzio inzuccherato,
Un bacio, dell'ambrosia più dolce, io t'ho rubato.

Non l'avessi mai fatto! Per più d'un'ora in croce
Mi tenesti confitto ad un supplizio atroce.

Ti chiesi invan perdono, fu inutile il mio pianto:
Non potei la tua collera diminuire alquanto.

Cattivo! Non appena ti baciai, con le dita
Ti sei tutta la bocca risciacquata e pulita,

Perchè del mio contatto non ti restasse traccia,

Come se sbaveggiato d'una sozza donnaccia.

Poi gettandomi in preda allo sdegno d'amore,
Non lasciasti alcun modo di trafiggermi il core;

Tanto che quel tuo bacio più dell'ambrosia caro,
Più dell'amaro elleboro m'è diventato amaro.

Oh, giacchè tale infliggere pena all'amor ti piaci,
Non temere, Giovenzio, non ti darò più baci.

POESIA C

Dei giovanetti veronesi il fiore,
Celio e Quinzio, son pazzi ambo d'amore:

Amo l'uno Aufilen; l'altro la bella
Aufilena, il fratello e la sorella.

Son taglierini fatti in casa, io dico;
E t'auguro ogni bene, o Celio amico.

A chi, se non a te, devo esser grato,
Che di vera amistà prove m'hai dato,

Quando in un foco insano era il mio core?
Sii dunque lieto, e ti sia fausto amore.

POESIA CI

Per molte genti e molti mari ai mesti
Tuoi funeri, o fratel, sono venuto,
A ciò che a te gli ufficj ultimi io presti,
E parli, ah invan, col tuo cenere muto:

Col cener tuo, poi che tu stesso a questi
Occhi fosti rapito, e t'ho perduto,
O misero fratel, che qui cadesti
Nel fior dei tuoi giocondi anni mietuto.

Pur questi doni, che con rito antico
Consecrato dagli avi, o fratel mio,
Spargo sul tuo sepolcro, accogli amico:

Stillan del pianto irrefrenato, ond'io,
Perpetua pace a te pregando dico:
Dolce fratello, eternamente addio.

POESIA CII

Se mai da un cor fedele a un cor discreto
E fido a prova s'affidò un secreto,

Cornelio, io son di quei c'han lo statuto
Di star zitti, e in Arpocrate mi muto.

POESIA CIII

O i miei dieci sesterzj, Silon, mi rendi, e poi
L'irato, l'indomabile fare a tuo grado puoi;

O se i bezzi ti piacciono, fammi il piacer, Silone,
Smetti di far l'indomito, l'irato.... ed il cozzone.

POESIA CIV

Credi, ch'abbia potuto dir male io di colei,
Ch'amo più della mia vita e degli occhi miei?

Oh, allor non arderei fra sì pazzi tormenti.
Sì mostruose frottole tu con Tappone inventi.

POESIA CV

D'ascender sul pimpleo monte scalmanasi
Anch'ei messer Pincone;

Ma lo scaccian le Muse a precipizio
A colpi di forcone.

POESIA CVI

Chi con un banditore un bel ragazzo vede,
Che costui brama vendersi forse a ragion non crede?

POESIA CVII

Se ad uom che molto agogna e nulla spera
Giunge gradito un improvviso bene,
Più grato a me d'ogni ricchezza vera
Il tuo ritorno, amata Lesbia, viene.

Io senza speme viveva in desio,
E tu ritorni, o Lesbia, all'amor mio;

Al cupido mio cor tu fai ritorno;
Oh più d'ogn'altro fortunato giorno!

Chi di me più felice? E chi più ambita
Avventura può dir che ottenne in vita?

POESIA CVIII

Se la vecchiezza tua bianca ma sozza
Fosse, o Comino, in preda al popol data,
La maledica tua linguaccia mozza
A un avvoltojo sarebbe gittata;
Sarebbero d'un corvo all'atra gozza
I cavati occhi tuoi merenda grata;
Mangerebbero i tuoi visceri cupi
Gl'ingordi cani, e l'altre membra i lupi.

POESIA CIX

Tu dici, o vita mia, ch'eterno in core
A noi vivrà questo giocondo amore.

Deh fate, o Dei, ch'ella prometta il vero;
Che risponda a' suoi detti il suo pensiero!

Datemi, o Dei, ch'eternamente stretto
Resti il mio cor da così dolce affetto!

POESIA CX

Sempre, Aufilena, io lodo una benigna amica,
Che non rifiuta il prezzo, ed accorda il favore.

Ma tu che alla promessa manchi, mi sei nemica:

Pria la mercede accetti, e poi neghi l'amore.

Far promesse è da ingenua, non farne è da pudica;
Tu accettando e non dando, giochi un tiro sì brutto,

Da mostrar ben, che sei sì avara che impudica,
E che ad ogni libidine hai rotto il corpo tutto.

POESIA CXI

Aufilena, appagarsi d'un uomo sol, cred'io,
È la virtù più bella che aver possa una moglie;

Ma val meglio appagare di chicchessia le voglie,
Che aver figli-cugini fatti col proprio zio.

POESIA CXII

Uom d'alto affar sei tu, Nason, chi 'l nega?
Tal non è chi all'altrui voglie si piega.

Ma tu, Nason, per grazia singolare,
Sei finocchio ed insieme uom d'alto affare.

POESIA CXIII

Quando da pria fu console Pompeo, due soli ganzi
Avea Mucilla, o Cinna; consol rifatto dianzi

Restàr gli stessi due, se non che ognuno a un tratto
Crebbe in mille. O prolifico adulterin contatto!

POESIA CXIV

Del formian podere Pinco a ragion si tiene
Ricco: ogni ben di dio quel fondo inver contiene:

Campi, prati, pescaje, uccelli, fere, tutto:
Ma che val, se la spesa è maggiore del frutto?

Pinco è ricco, il concedo; ma alla fin fin ci perde:
Il fondo è bello e in fiore, ma il suo padrone è al verde.

POESIA CXV

Pinco, trecento jugeri di prati, è ver, tu hai,
Quattrocento di campi, stagni, paludi e il resto;

Ma ricco più sfondato di Creso come mai
Non è chi in un sol fondo possiede tutto questo:

Praterie, selve, pascoli, seminati, piscine,
C'han gl'iperborei popoli e l'oceano a confine?

Gran cose inver son queste, ma più grande è il padrone:
Non un grand'uom, s'intende, ma un enorme cordone.

POESIA CXVI

Spesso con diligente animo i versi
Del Battiade per te, Gellio, braccai,
E con tal dono rammollirti, e avversi
Meno i tuoi strali al capo mio sperai.

Che l'opera sprecai, m'accorgo adesso:
Vane le preci, e ognor tu sei lo stesso.

Io paro i dardi tuoi, Gellio feroce,
Col manto; i miei t'inchioderanno in croce.

NOTA

Ho seguito l'edizione di Lipsia del , fuori che in tre o quattro luoghi, per ragione di senso.
Nei metri mi sono accostato quanto meglio ho saputo all'originale, senza licenza nè pedanteria, mirando all'arte principalmente e avendo il dovuto riguardo all'indole della lingua e della prosodia italiana. Così, ho reso il falecio col doppio quinario; il trimetro giambico con l'endecasillabo sdrucciolo; l'ipponatteo con un quinario innestato sopra un settenario: innesto non infelice, mi sembra, che raccomanderei alla benigna osservazione dei gloriosi esploratori di nuovi mondi prosodici, se avesse meno di armonia e non fosse miseramente e più volte deturpato dalla vecchia scabbia della rima. Il gliconio ho imitato con un settenario sdrucciolo nei componimenti brevi; ma chi avrebbe tollerato una filza di centinaja di tali versi? Ho perciò tradotto il canto nuziale in settenarj piani; i quali per altro corrispondono in certo modo ai ferecrazj, ond'è chiusa ogni strofetta latina di tale canto. E con un settenario sdrucciolo e uno piano ho imitato l'accoppiamento del gliconio e del ferecrazio; con due settenarj sdruccioli l'asclepiadeo maggiore.
Quanto ai distici elegiaci, al galliambo e al verso eroico, mi son valuto dell'endecasillabo sciolto o rimato, secondo i casi, e qualche volta del martelliano; e di questo peccato gravissimo sarò, spero, compatito, se non assolto, non avendo ancora i metrologi nuovi trovata la ricetta unica ed infallibile per la manipolazione, non dirò del galliambo, che sarebbe sovrumana scoperta, ma dell'esametro e del pentametro italiano: ricetta, come ognun sa, da cui dipende la salute e la vita della nostra poesia.

GAIO VALERIO CATULLO

Printed in Great Britain
by Amazon.co.uk, Ltd.,
Marston Gate.